Sabine Huth-Rauschenbach

# ORGANiC COOKiNG

# AUTORENVITA

Man nehme: eine Mama Ende 30, zwei willige und einen unwilligen Esser, eine etwas
zu kleine Küche – aber dafür umso größere Ambitionen und Experimentierfreude, gepaart
mit einem guten Schuss Wissen alter Schule. Dabei entstand dieses Familienkochbuch, in
das die Herzensthemen saisonale Ernährung und Vorratshaltung einflossen. Es ist das dritte
Buch von SABINE HUTH-RAUSCHENBACH.

Sabine Huth-Rauschenbach

# ORGANIC COOKING
## Das Familienkochbuch

SAISONAL, REGIONAL – EINFACH GENIAL

# INHALTSVERZEICHNIS

## Breakfast und Teatime

Kleine Leckereien für das Frühstück, Pausenbrote für Kleine und Große, Gebackenes für den Fünf-Uhr-Tee, die Kaffeetafel, den Brunch oder das Sonntagsfrühstück sowie alles für einen guten Start in den Morgen.

## Kleinigkeiten

Salate, die als Beilage taugen sowie Salate die satt machen, Eingelegtes, kleine Geschenke aus der Küche, Snacks für die ganze Familie, für unterwegs oder zu Hause.

## Warme Gerichte

Klassiker und Grundrezepte, aber auch Raffiniertes aus der Wohlfühlküche. Aufläufe, Suppen, Eintöpfe, Ofengerichte und noch vieles mehr. Leicht nachzukochendes, gesundes, frisch zubereitetes Essen für die ganze Familie.

# Liebe FAMILIEN!

*Nach einer wohlbehüteten Kindheit und kulinarisch oft eher fragwürdigen Lehrjahren stand ich plötzlich mit Familie und Kindern in der Küche und vor einer Menge Möglichkeiten: vegetarisch, vegan, vollwertig, Vollkorn oder voll ungesund?*

Oder lieber bio, konventionell, vom Land, aus der Stadt, nachhaltig oder genussvoll? Low Carb und glykämisch, slow oder fast …? Mit dem Kopf voller Möglichkeiten las ich *Landlust, Lecker, Schrot und Korn* und beschloss: Ab jetzt werden wir bessere Menschen! Wir kochen alles selber und natürlich bio. Total nachhaltig muss es sein, denn schließlich wollen wir uns so ernähren, dass für morgen auch noch was zum Leben da ist.

Schön, wenn das so einfach wäre. Das Idealbild der glücklichen Biofamilie, in der alle handgestrickte Socken tragen, nur selbst gebackenes Brot essen, die Mama aussieht wie ein Topmodel und neben ihrem Vollzeitjob natürlich noch Zeit hat, abends Marmelade einzukochen, der Papa ein Ökounternehmen leitet und ständig mit den Kindern im Bollerwagen durch den Wald zieht – ein Trugbild! Schließlich kratzen handgestrickte Socken – und wer kann heutzutage noch stricken? Selbstgebackenes Brot kann schmecken, aber auch steinhart sein. Eltern sehen nach durchwachten Nächten und langen Stunden im Büro eher aus wie Dracula. Und Zeit, um Marmelade einzukochen oder im Bollerwagen durch den Wald zu ziehen, hat man gefühlt an drei von 365 Tagen.

Es liegt nahe, frustriert aufzugeben und sich dem Convenience Food hinzugeben. Aber: Man muss ja nicht alles überperfekt und auf einmal machen, sondern kann ruhig rumprobieren und den eigenen goldenen Mittelweg zwischen Fraß und Fanatismus finden. Schließlich sollte man auch mit den eigenen Ressourcen Kreativität, Zeit und Gesundheit nachhaltig umgehen – ein Koch-Burn-out ist also zu vermeiden. Kochen und Essen sollen in erster Linie SPASS machen.

## Beim Kochen helfen alle mit

Wenn man also seinen gesunden Menschenverstand einschaltet und sich ein wenig entspannt, z.B. akzeptiert, dass Kinder die tolle Gemüse-Quiche (Seite 110) erstmal nicht mögen, dass es Situationen im Leben gibt, in denen Fertigpizza das einzig Richtige ist, dass man beim Einkaufen nicht nachrechnen muss, ob der regional angebaute, aber eingelagerte Apfel klimafreundlicher ist als saisonale Ware aus Neuseeland, und dass »Bio« kein heiliger Gral ist, dann kann ein nachhaltiger Lebensstil sogar zufrieden und glücklich machen. Denn obwohl das »organic« im Buchtitel wörtlich übersetzt »bio« heißt, muss es nicht unbedingt bei jedem Einkauf Demeter-Qualität sein, jedoch bitte regional und saisonal! Am »organischsten« werden Obst und Gemüse übrigens, wenn man sie im Garten selber anbaut – vielleicht auch eine Idee für ein neues, nachhaltiges Hobby?

### Kochen bereitet uns Freude

Wir als Familie haben viel Freude am Kochen und Backen und sehen das als Freizeitbeschäftigung an. Jeder kann und will mitmachen. Es gibt nichts Schöneres, als quenglige Kinder mit einem Backprojekt vom Budenkoller abzulenken. Kinder sind zwar leider oft mäkelige Esser, aber beim Zubereiten in der Küche helfen sie meist freudig mit. Und wer weiß, vielleicht essen sie die Gemüse-Quiche dann eben doch! Dieses Buch ist also als Anregung gedacht und keine Ernährungsbibel mit strengen Regeln. Strenge Regeln sind nämlich Spaßfresser, und in unserer Küche sind vor allem Freude und Spaß am Kochen erwünscht. Wenn mal etwas nicht gelingt, dann darf man das mit Humor nehmen. Und eine Geschichte hat man dann auch noch zu erzählen. Die verbrannte Mousse au Chocolat, die ich mit 12 Jahren hergestellt habe, ist heute noch der Lacher am Familientisch. Und ich habe daraus fürs Leben gelernt: Schokolade immer im Wasserbad, aber niemals in der Mikrowelle schmelzen. Mehr eigene Fehlschläge sind in diesem Buch nicht enthalten, aber es gab und gibt sie immer wieder.

### Suppen-Sonntage und Leftover-Saturday

Dafür gibt es im Buch jede Menge Anregungen, mit Kindern gemeinsam zu kochen. Neben Resterezepten gibt es z. B. in den Kapiteln Breakfast and Teatime schöne Frühstücksideen und Pausenbrote für große und kleine Weltverbesserer. Weil wir auch mal gerne Kuchen zum Frühstück essen, finden sich sämtliche süße Backwaren in diesem Kapitel. Manchmal will man aber auch einen Brunch machen, oder Linnern (eine Verbindung aus Lunch und Dinner) sodass Kuchen, Kekse und Co. bestens darin untergebracht sind. Kleine Gerichte sind jene, die man als leichten Lunch isst oder Rezepte für Eingelegtes, Eingemachtes, Eingekochtes, das man auf Vorrat zubereitet. Natürlich finden sich darin Salate ebenso wie Getränke.

FAMILIEN-KÜCHENPARTY und Leftover-Saturday ist eine Tradition in unserem Haus: Bevor wir zum Wocheneinkauf losziehen, wird eine Bestandsaufnahme von allen Vorräten gemacht und jene Zutaten identifiziert, die weg müssen. Daraus wird dann ein Gericht gekocht oder etwas gebacken, das man später als Belohnung für die Einkaufsstrapazen genießen kann. Tipp: Ein Elternteil geht mit 50 Prozent der Kinder einkaufen, der andere bereitet mit 50 Prozent der Kinder die Küche für die bald eintreffenden Einkäufe vor. Weil wir als Familien gerne zusammen in der Küche stehen, gibt es den Suppen-Sonntag, den Milchmädchen-Sonntag, den Marmeladen- sowie den Punsch-Sonntag und kleine Kochevents, die für alle unterhaltsam sind und bei denen man den Teilnehmerkreis beliebig erweitern kann. So kann man natürlich am Suppen-Sonntag-Rezepte aus diesem Kochbuch ausprobieren und auf Vorrat kochen und so die große Sellerieknolle vom Bauernmarkt restlos verwerten. Die Herstellung von

Butter ist eine lustige Idee für Kindergeburtstage und bei einem Punsch-Sonntag im Winter kommen sicherlich viele Freunde mit auf ein kleines Winterpicknick. Tipp: Im Sommer eine Marmeladenparty feiern!

**Wenn's irgendwie geht: saisonal**
Warme Gerichte sind das Herzstück jedes Saisonkapitels, gehaltvoll-glustige Gerichte, die nicht nur den Magen füllen, sondern auch die Seele erwärmen. Natürlich finden sich im Winterkapitel besonders viele Vorschläge für Weihnachtsgerichte, während im Sommer Grillspezialitäten und mediterrane Gerichte den Vorrang haben. Die Trennung nach Jahreszeiten orientiert sich am Angebot von saisonalem Gemüse und Obst, aber natürlich gibt es Gerichte im Sommerkapitel, die man mit ein paar Änderungen auch im Winter zubereiten kann. So wird die Fruchtige Hühnertagine (Seite 75) im Winter einfach mit getrockneten Aprikosen gemacht, während an manchem kalten Sommertag die Gulaschsuppe (Seite 125) auch gut munden kann. Wann der Herbst anfängt, hängt ja auch immer von der Großwetterlage ab und die habe ich leider nicht im Griff, sonst gäbe es keine verregneten Sommerferien mehr.
ZU DEN MENGENANGABEN: Während ich bei den Backrezepten genaue Gramm-Angaben angegeben habe, verlege ich mich bei Kochrezepten gerne auf die »Handvoll« bzw. Stückangabe. Schließlich wird es schwer, genau 100 g Möhren abzuwiegen und obschon ich so etwas nie versuchen würde, weiß ich, dass es da draußen viele Seelen gibt, die Kochrezepte sklavisch befolgen. Diese möchte ich von ihrem Zwang befreien! Denn im Gegensatz zu Backrezepten, wo man sich schon ein

wenig an die Formel halten muss, sind bei Suppen, Eintöpfen und Ähnlichem kreativer Einfallsreichtum und die eine oder andere Möhre zu viel durchaus erlaubt. Auch dazu soll das Buch anregen: zum Experimentieren.
ZU DEN ZUBEREITUNGSZEITEN: Nicht frustriert sein, wenn es mal etwas länger dauert als veranschlagt. Jeder hat schließlich sein eigenes Schnippeltempo, und wenn dann noch die Küchenkinder mitmischen, kann es sich mal hinziehen. Aber je öfter man ein Gericht macht, desto fixer ist man damit auch fertig. Versprochen.

## Kauf dich glücklich? Planvolles Einkaufen mit Methode

Die erste goldene Regel des Einkaufs lautet: Einkaufszettel schreiben. Danach richtet sich dann oft die Einkaufstour, die im Sinne von Nachhaltigkeit ohne Auto, nicht allzu groß oder eine »Einkaufstortour« sein sollte. Wer ohne Einkaufszettel spontan einkaufen geht, hat meistens viel Rennerei, kauft öfter Unnö-

tiges ein oder vergisst das Wesentliche. Wer gewissenhaft einen Einkaufszettel führt, ob auf altem Schmierpapier oder ganz modern in einer App auf dem Smartphone, vermeidet Spontankäufe von Lebensmitteln, die dann eventuell später weggeworfen werden müssen. Die zweite goldene Regel: Man darf niemals – ich betone wirklich niemals – hungrig einkaufen gehen. Leere Mägen sind ein Garant für Impulskäufe von Fertigpizza, Hamburgern, Pommes oder seltsamen Puddingsorten.

HUNGRIGE KINDER BEIM EINKAUFEN: Schlimmer sind eigentlich nur hungrige Kinder im Supermarkt – da hilft einem auch die süßigkeitenfreie Kasse nicht mehr. Sich auf dem Boden windende und schreiende Kinder greifen das Nervenkostüm von Erziehungsberechtigten empfindlich an. Da wir auch mit unseren Nerven nachhaltig umgehen sollten, drückt man dem Nachwuchs am besten vorher noch eine Banane in die Hand oder geht direkt nach dem Essen einkaufen.

## Wo kaufe ich ein?

Natürlich würde ich am liebsten ausschließlich auf dem örtlichen Biobauernhof einkaufen und zur Sojalatte ein paar Dinkelkekse knuspern während die Kinder Lämmer streicheln. Leider sind Biobauernhöfe in vielen Kleinstädten oder Stadtbezirken rar gesät. Außerdem kann sich nicht jeder die erwartungsgemäß höheren Lebensmittelpreise leisten. Während wir bis vor Kurzem von der Nahversorgung unseres alten Wohnorts verwöhnt wurden (Supermarkt im Haus, Supermarkt in Laufweite, Biobauernhof (!) in Laufweite, toller Markt in Laufweite) sieht es an unserem neuen Wohnort schon ganz anders aus (Aldi in Laufweite. Punkt). Vernünftig ist es aber, wohnortNAH

einzukaufen und lange Autofahrten zu vermeiden. Die Bio-Möhre wird nicht nachhaltiger, wenn ich sie im 10 Kilometer entfernten Dorf mit dem Auto abhole. Daher versucht man am besten, mit dem was vor der Türe liegt, klar zu kommen. Wenn das ein Biosupermarkt ist, schön. Und wenn es aber ein Discounter ist, muss man nicht verzweifeln.

## Discounter sind meist besser als ihr Ruf

Bei Untersuchungen der Stiftung Warentest schließen Eigenmarken der großen Discounterketten immer wieder gut, teils sogar besser als bekannte Markenwaren ab. Während im bunten Supermarktroulette die Produktpalette immer schneller wechselt, gibt es bei Discountern gute Klassiker verlässlich über Jahre hinweg zu kaufen. Das erleichtert einem als Kunden den Einkauf sehr. Verlässlich gleichbleibende Marken und Qualität verhindern Fehlgriffe. Noch ein Tipp: Samstags gibt es spätnachmittags bei vielen Discountern stark reduziertes Obst und Gemüse, das sich bis Montag nicht halten würde. Wer also die grüne Ware vor der Tonne retten und gleichzeitig Geld sparen will, kann diese Angebote wahrnehmen. Gut ist dieses Angebot auch für Ausschläfer, die ihren ersten Kaffee trinken, wenn der Wochenmarkt schon seine Pforten schließt.

## Die gute alte Biokiste

Wer sich mit normalen Supermärkten und Discountern gar nicht anfreunden kann, weil er konsequent biologisch angebautes Obst und Gemüse bevorzugt, ist bestimmt schon Abonnent einer Biokiste oder sollte es werden. Der große Vorteil: hier fährt nur EIN Auto die Lebensmittel durch die Gegend. Das ist immer noch besser, als wenn die Kunden einzeln durch die Gegend düsen. Früher waren Biokisten allerdings nur etwas für kreative Köche, den Inhalt der Kiste bestimmte nämlich der Hof. Wenn das im Winter Rote Bete und Rote Bete und Kohl war, dann bestand die Gefahr, dass das gute Gemüse in der Tonne landete – nicht nachhaltig! Heute kann man sich hingegen die Kisten oft individuell bestücken lassen.

### Fleisch beim Metzger kaufen

Was man in jedem Fall in einem Fachgeschäft erstehen sollte, sind Fisch- und Fleischwaren. Die gute Beratung bei einem Metzger kann keine Frischetheke im Supermarkt ersetzen. Oft hat der Metzger auch genaue Informationen über die Herkunft des Fleisches. Ist in Wohnortnähe kein guter Metzger zu finden, lohnt es sich, in der Nähe des Arbeitsplatzes nach einem entsprechenden Laden zu schauen oder Fleisch beim Fachmann in großen Mengen einzukaufen und die Ware entsprechend einzufrieren. Öfter mal vegetarisch zu essen ist sicherlich auch kein Fehler.

FISCH IST EINE WISSENSCHAFT FÜR SICH: Überfischte Meere, mit Antibiotika belastete Aquafarmen – guten, nachhaltigen Fisch zu kaufen, ist schwierig. Ein Hinweis kann das MSC-Siegel sein, das für Fisch aus bestandserhaltender Fischerei steht. Noch besser ist es, hier tatsächlich ein wenig mehr Geld in die Hand zu nehmen und Fisch beispielsweise mit WWF-Siegel oder von Follow Fisch zu kaufen, der aus nachhaltigem Fang kommt. Wer an der Küste wohnt, sollte beim Kauf unbedingt auf regionale Fischer und Direktvermarktung zurückgreifen. Nur so kann man sichergehen, dass der Fisch nicht erst um den halben Globus gefahren, in A gefangen, in B verarbeitet und dann in C verkauft, wurde. Für Binnenländler empfehle ich lokale Süßfischproduzenten – gerade an Boden-, Starnberger-, Ammer- oder Chiemsee gibt es tollen Frischfisch ab Ufer zu kaufen. Lokale Lebensmittelproduzenten zu unterstützen, ist auch bei Fisch Trumpf.

### Großverpackungen lohnen sich selten

Eine weitere goldene Regel: Augen auf beim Einkauf. Supersonderangebote entpuppen sich oft als Augenwischerei. So sind die berühmten Drei-für-den-Preis-von-zwei-Aktionen laut Studie in Großbritannien mit eine der größten Ursachen für Lebensmittelverschwendung. Wenn ich nur zwei Brezeln essen will, muss ich keine vier nehmen, auch wenn der Stückpreis dann um 1 Cent sinkt. Werfe ich die zwei Extra-Brezeln spätestens am nächsten Tag weg, hat bei diesem Deal nur der Bäcker gewonnen. Oder aber ich mache meine Breznchips (Seite 108).

Gemüse und Obst in Großverpackungen sollte man auch immer einer kritischen Prüfung unterziehen. Oft verstecken sich unter knackigen Pfirsichen verschimmelte Früchte, Möhren sind schlapp und haben Druckstellen, die man auf den ersten Blick nicht sieht. Und besonders Pflücksalat oder Feldsalat kauft man besser lose als in Plastik verpackt – das feuchtwarme Klima in den Tüten ist ein idealer Nährboden für Bakterien und Fäulnis.

### Jute statt Plastik

Womit wir schon beim nächsten Punkt wären: vermeidet Plastikverpackungen. Leider scheint die Umweltbewegung in den 1980er Jahren (Jute statt Plastik, anyone?) keinerlei Effekt auf das Thema gehabt zu haben – eher im

Gegenteil: der Verpackungswahn ist ungebrochen, wenn nicht sogar schlimmer geworden. Kürzlich erst sah ich einzeln eingeschweißte Bananen. Warum ein Produkt, das von Natur aus mit einer wunderbaren Verpackung ausgestattet ist, noch mal eingeschweißt werden muss, erschließt sich mir nicht.

Ein Einkauf auf dem Markt oder im Fachgeschäft ist natürlich umweltfreundlicher: Man kann seinen eigenen Jutebeutel mitnehmen und die Waren direkt darin einpacken lassen. Für Fleisch gibt es eigene, wiederverwertbare Tupperdosen. Will der Metzger aus Gründen der Hygienevorschriften das Gut nicht direkt einpacken, bitte ich immer um die mindestmögliche Verpackung: auf keinen Fall Alu oder Styroporschachteln.

Leider hat man nicht immer die Möglichkeit, zum Fachgeschäft zu gehen. Wenn man dann doch beim Discounter oder im Supermarkt ein besonders aufdringlich eingepacktes Produkt kauft (was eigentlich zu vermeiden ist), sollte man knallhart von der Verpackungsrücknahmepflicht Gebrauch machen und unnötige Umverpackungen im Laden lassen. Je mehr Leute das Problem an den Einzelhandel zurückgeben, desto eher ändert sich vielleicht etwas.

### Wassersprudler für Kohlensäureliebhaber

Was sich wirklich sehr gut vermeiden lässt, sind Getränkeflaschen aus PET. Auch wenn diese durch das Einwegzwangspfand vermeintlich recycelt werden, ist jede Plastikflasche eine zu viel. Die Lösung: Leitungswasser trinken. Das ist in Deutschland, Österreich und der Schweiz von so guter Qualität, dass man es bedenkenlos konsumieren kann. In manchen Gegenden hat es sogar Mineralwasserquali-

tät. Wer es blubberig mag, kann einen Wassersprudler anschaffen.

Nachhaltiger Einkauf lebt also auch von der Abfallvermeidung. Kleine Läden zu unterstützen lohnt sich, auch regionale Bäckereien und Metzgereien zu nützen, sodass diese nicht von Großbetrieben verdrängt werden. Und ein letzter Tipp: Je weniger verarbeitet ein Produkt ist, desto besser. Selber machen aus Grundzutaten ist nicht nur gesünder, sondern meist auch besser für Mother Earth.

### Mäkelige Esser – keep calm and carry on

Leider bringen alle guten Vorsätze nichts, wenn die eigenen Kinder Kostverächter sind und Äpfel nicht von Birnen unterscheiden können. Nachhaltigkeit ist auch eine Erziehungsfrage. Wer also seinen Kindern möglichst viel über Nahrung, ihre Herkunft, ihre Verarbeitung und Geschichte beibringt und sie fleißig am Zubereiten von Essen beteiligt, macht schon mal einen guten Anfang. Außerdem wird jeder Pädagoge bestätigen, dass gemeinsame Mahlzeiten das A und O für Kinder sind. Leider scheinen alle Bemühungen für die Katz, wenn der eigene Nachwuchs die wunderbaren Speisen nicht mal anrührt. Das ist frustrierend. Von den Mengen an Lebensmitteln, die vom Tisch und Teller des Kindes dann

direkt in die Tonne wandern, mal ganz abgesehen. Ich verwerte wirklich viele Reste, bei eingespeicheltem Kinderessen aber ist Schluss.

### Nicht drängen, nicht bitten, nicht schimpfen

Steht dann der gemeinsam zubereitete Gemüseeintopf, das liebevoll gekochte Brathuhn oder der leckere Brotaufstrich auf dem Tisch und man erntet nur wüste Ablehnung, heißt es: Ruhe bewahren! Und vor allem: nicht drängen, nicht bitten, nicht schimpfen. Sonst wird der Esstisch schnell zum Austragungsort jener kleinen Machtkämpfe, die Kinder und Eltern ausfechten müssen (doch am besten nicht bei Tisch). Ich weiß das, ich habe nämlich alles durch: von Drängen, über Bitten, bis hin zum Fantasienamen für das Essen Erfinden. Ich habe Piratenschiffe mit Blumenkohlgeschossen »gebaut«. Nichts war von Erfolg gekrönt. Letztendlich half es mir, Folgendes vor Augen zu halten: Es ist noch kein Kind vor dem vollen Teller verhungert. Und: Die Eltern bestimmen, was es gibt, und das Kind bestimmt, wie viel es wovon essen will.

### Eine gute Atmosphäre bei Tisch herstellen

Umso wichtiger ist es, eine angenehme Atmosphäre beim Essen herzustellen, so-

dass es eben kein Austragungsort für Eltern-Kind-Konflikte wird. Wir haben gemeinsam mit den Kindern Regeln aufgestellt, die von beiden Seiten befolgt werden müssen. Dazu gehört, dass man höflich kundtut, wenn einem etwas nicht schmeckt, aber auch, dass Mama und Papa nicht schimpfen und drängeln dürfen. Dass man neue Sachen einmal probiert, sie aber nicht essen muss. Dass man sich selber nehmen darf, was man will, das dann aber auch aufessen sollte. Was bei unserem Mäkelmäulchen besonders gut funktioniert hat, war die Einbeziehung in die Zubereitung des Essens. Plötzlich wurde die Erbsensuppe immerhin probiert, schließlich hatte Junior dafür die Möhren geschnippelt.

Aber auch gute Esser, die ohne Unterschied alles in sich hineinstopfen, profitieren sicherlich von der Erfahrung, in der Küchen zu helfen und zu sehen, wie viel Arbeit und Sorgfalt es braucht, um ein ordentliches Essen zu kochen. Kleinere Kinder, die noch nicht so viel mitmachen können, bekommen bei uns immer den Beisitzerplatz an einem kleinen Kindertisch und dürfen malen, lesen oder mit der Kinderküche spielen, sind aber auch immer Teil der Küchenmannschaft. So bekommen auch schon die Jüngsten die Stimmung in der Küche mit und helfen später gerne. Natürlich gibt es Tage, an denen alle sorgfältig aufgestellten Regeln scheitern, Tage, an denen das Meckern und Mosern die Mahlzeit vermiest. Dann heißt es wieder: Ruhe bewahren. Oooooohhhhhmmm.

### Und warum »Organic Cooking«?

Organic bedeutet in diesem Buch nachhaltig. Das heißt beispielsweise auf die Herkunft der Lebensmittel zu achten. Diese können bio sein, müssen es aber nicht. Denn frisch geerntetes Obst und Gemüse vom konventionellen

Bauern um die Ecke ist immer noch besser als Bioware aus Südamerika oder Biofertiggerichte. Und zur Saison bekommt man dieses Gemüse manchmal sogar beim Discounter. Mein Fleisch kaufe ich direkt vom Erzeuger oder beim lokalen Metzger, der optimalerweise die Herkunft seiner Produkte kennt. Wenn ich kein vernünftiges Fleisch bekommen kann, wird eben ein Veggie-Day eingeschoben. Organic heißt für mich aber auch, darauf zu achten, dass ein Produkt nicht bis zum Dorthinaus mit Plastik verpackt ist. Vor allem bedeutet es, dass ich bedacht mit Lebensmitteln umgehe und versuche, so wenig wie möglich wegzuwerfen. Deswegen gibt es in diesem Buch viele Resterezepte und Hinweise zur Vermeidung von Resten. Nachhaltig kochen schont so auch den Geldbeutel, denn: Wer weniger wegwirft muss weniger kaufen und lernt, auch in Zeiten mit geringem Angebot noch etwas Leckeres zubereiten zu können. Deswegen kommt meine Küche mit einer Handvoll günstiger Grundzutaten und ohne eine ganze Armada exotischer Gewürze aus – alles potenzielle Wegwerfkandidaten. Ein schmaler Geldbeutel, wenig Erfahrung oder wenig Zeit heißen also nicht, dass die Familie auf gutes, gesundes, nachhaltiges Essen verzichten muss. Koch sind hier alle: Papa wie Mama, Kind und Kegel. Viel Spaß beim Nachkochen, Ausprobieren und Entdecken!

**Eine kleine Danksagung:**

Ohne meine Familie hätte ich kein Familienkochbuch schreiben können. Das sind zum einen meine wunderbaren Kinder, Emil und Elsa, die mich mit ihren Essenswünschen zwar manchmal in den Wahnsinn treiben, aber in der Küche immer gerne mitarbeiten, zum anderen mein Mann, der sich nicht nur als sehr talentierter Brotbäcker erwies, sondern alles probierte, konstruktiv kritisierte und die eine oder andere entscheidende Idee beitrug. Ganz tapfer nimmt er Reste als Lunch mit in die Arbeit und isst wirklich alles (außer Rosenkohl und Milchreis). Einen besseren Testesser kann man nicht haben. Außerdem war er es, der mich vor Jahren bestärkt hat, meine Karriere als Schreiberling zu verfolgen. Merci Cheri! Natürlich hatten noch andere Menschen großen Einfluss auf das Buch: Viele Gerichte sind liebgewordene Kindheitserinnerungen, gekocht von meiner Mama oder meiner Oma Maria, bodenständige Gerichte mit hohem Qualitätsanspruch. Also a shout out to my friends in England who introduced me to a whole new range of food – scrumptious scones, bold baked beans and much much more. So ein Buch schreibt sich natürlich nicht nur mit einer tollen Familie im Rücken, die einen inspiriert und die Zeit dafür freihält. Man braucht auch einen ebenso tollen Verlag, der viel Vertrauen in die Fähigkeiten der Autorin hat. Danke also an Frau Spieldiener, die mich ins Boot geholt und mir dieses Traumprojekt anvertraut hat. Und Danke an all die tollen Menschen im Hintergrund, die gestaltet, fotografiert, gelayoutet und korrigiert haben!

Viel Spaß also beim Nachkochen, Ausprobieren und Entdecken!

# FRÜHLING

# Eier im Glas mit Kräutern

*Eier im Glas ist für mich eine der mondänsten Arten, die geschissene Gottesgabe zu verzehren. (Daran ist* Emil und die Detektive *schuld.) Dazu passen geröstete Streifen von altem Brot – Resteverwertung! Richtig luxuriös wird es mit knackig gegartem grünem Spargel zum Dippen.*

**8 Eier • 6 Scheiben altes Graubrot •
4 TL Butter • 4 EL gehackte Frühlingskräuter (Schnittlauch, Kerbel und
Pimpinelle) • Salz • Pfeffer, frisch
gemahlen • Optional: 250 g grüner Spargel**

**4 Portionen**
**15 Min.**

➤ Die Eier anpicken und 5 Min. kochen. ➤ Graubrot toasten, in Streifen schneiden und warm halten. ➤ Vier kurze Wassergläser bereitstellen. ➤ Eier kurz abschrecken, pellen und direkt je zwei Stück in ein Glas geben. Mit einer Gabel grob zerdrücken und je 1 TL Butter über die noch heißen Eier geben. ➤ Die Frühlingskräuter waschen und fein wiegen. Die Ei-Butter-Masse mit Salz sowie Pfeffer würzen, die Kräuter zugeben und mit den Brotstreifen servieren. ➤ Optional: Grünen Spargel 8–10 Min. bissfest garen und den Spargel in die Eimasse dippen.

**KÜCHENKINDER**  pellen die Eier, rösten das Brot und lesen sich gegenseitig Kästner vor.

# Exotisches Zitronengelee

*Im Original wird Lemon Curd mit Ei hergestellt. Ei in Marmelade? Befremdlich! Mit Kokosmilch und etwas Stärke ist diese Version eine frische Art der Notfallverwertung für das Sackerl Bio-Zitronen, das schon mit einem Bein im Schimmelgrab steht.*

**300 g Rohrohrzucker • 50 ml kaltes
Wasser • 150 ml Kokosmilch • 1 Prise
Salz • 2 EL Speisestärke • 150 ml Zitronen-
saft • 2–3 EL abgeriebene Zitronenschale**

**1–2 Gläser**
**20 Min.**

➤ Den Zucker zusammen mit Wasser, Kokosmilch und Salz aufkochen. ➤ Speisestärke mit dem Zitronensaft gründlich verrühren. ➤ Die Zuckerlösung vom Herd nehmen und die Zitronen-Stärke-Mischung unterrühren. Topf wieder auf den Herd stellen und die Marmelade auf kleiner Flamme circa 10 Min. kochen lassen. ➤ Gegen Ende den Zitronenabrieb unterrühren und noch heiß in sterilisierte Gläser abfüllen. ➤ Das Zitronengelee hält sich im Kühlschrank ein bis zwei Wochen. Es eignet sich auch gut als Glasur für Rührkuchen, dazu einfach den noch heißen Kuchen damit bestreichen.

**KÜCHENKINDER**  pressen Zitronen, verrühren Speisestärke, malen die Labels.

# Lachsbagel mit frischem Dill

*Fischers Fritz fischt frischen Fisch, und wir fischen einen würzigen Lachsbagel aus unserer Lunchtüte. Das abgepackte Supermarkt-Sandwich und die Kollegen werden vor Neid erblassen. Ein Klassiker aus New York, für Mamas und Papas von Cap Arcona bis zur Zugspitze.*

1 Bagel (Vollkorn **oder** Weißmehl) •
2 EL Frischkäse • 1 TL Senf • 1 TL Honig •
3–4 Stängel Dill • 2 Scheiben Bio-
Räucherlachs

1 Portion

10 Min.

Den Bagel aufschneiden und auf dem Toaster kurz anrösten. Frischkäse mit Senf sowie Honig zu einer glatten Masse verrühren und diese auf beide Bagelhälften schmieren. Dill waschen, trocken schütteln, zupfen und die Dillspitzen hacken. Lachs auf eine Bagelhälfte legen, mit Dill dekorieren und mit der anderen Bagelhälfte belegen. Bagel bis zum Verzehr gut kühlen.

KÜCHENKINDER kümmern sich um den Dill, die Frischkäsemasse sowie die Kühltasche.

# Powerbaguette

*Um Anflügen von Frühjahrsmüdigkeit entgegenzuwirken, empfehle ich das Powerbaguette, das mit vielen gesunden Sachen aufwartet und an eine Mittagspause in Paris erinnern soll. Wer keinen gekochten Schinken zur Hand hat, kann ihn jederzeit durch eine Scheibe kalten Braten oder Seitanaufschnitt ersetzen.*

1 Handvoll gemischter grüne Kräuter •
2–3 EL Frischkäse • 1 EL Milch •
1 Vollkornbaguette • 4 Scheiben
gekochter Schinken • 4 Scheiben Gouda •
2 Gewürzgürkchen • Optional: frisch
gemahlener Pfeffer und Honigsenf

2–3 Portionen

10 Min.

Die Kräuter gründlich waschen, trocken schütteln und fein wiegen. Mit dem Frischkäse und einem Klecks Milch zu Kräuterfrischkäse vermengen. Das Baguette aufschneiden und eine Seite mit dem Frischkäse bestreichen, dann mit Schinken sowie Gouda belegen. Die Gewürzgürkchen in Scheiben schneiden, auf das Baguette legen und dieses zuklappen. Je nach Geschmack vorher noch die zweite Hälfte mit Honigsenf bestreichen und frisch gemahlenen Pfeffer dazugeben. Das fertige Baguette mit einem scharfen Messer in zwei oder drei Teile schneiden, gut verpacken und genießen.

KÜCHENKINDER machen ordentlich ihre Hausaufgaben, damit man später draußen spielen und ein Powerpicknick machen kann.

# Dinkelschmarrn mit Rhabarberkompott

*schnell & einfach*

*Ich liebe Kaiserschmarrn, aber leider ist er oft supergehaltvoll. Weil man aber nicht vor jedem Kaiserschmarrn erst den Wilden Kaiser bestiegen hat, gibt es hier eine Variante mit Banane, Milch und Dinkelmehl, was aus dem Kaiser- wohl eher einen Bauernschmarrn macht.*

**Für den Teig:**
2 große Eier
1 überreife Banane
1 EL Öl
150 ml Milch
70 g Dinkelmehl
70 g Dinkelvollkornmehl
2 EL Zucker
1 TL Zimt
1 Prise Salz
Öl zum Braten

**Für das Rhabarberkompott:**
5 Stangen Rhabarber
60 g Zucker
2 EL Vanillezucker

**4 Portionen**
**35 Min.**

## SONNTAGSFRÜHSTÜCK FÜR Aktive

Eier trennen und das Eiweiß zu Schnee schlagen. Die Banane zerdrücken, mit den Eigelben und dem Öl vermengen. Milch dazugeben und alles tüchtig verrühren. Dinkelmehle mit dem Zucker, etwas Zimt sowie der Prise Salz vermischen. Die flüssigen mit den trockenen Zutaten mischen und zum Schluss den Eischnee unterheben. Nicht zu viel rühren, weil der Schmarrn sonst nicht fluffig wird. Den fertigen Teig 20 Min. ruhen lassen. In der Zwischenzeit Rhabarberstangen waschen, von Blättern und groben Teilen befreien, schälen und in relativ dünne Scheiben schneiden. Rhabarber in einen Topf geben und mit Zucker überstreuen. Kurz ziehen lassen. Die Herdplatte einschalten und das Ganze aufkochen. Eventuell ein paar EL Wasser dazugeben, falls der Rhabarber nicht genügend Flüssigkeit abgibt. Ungefähr 10 Min. kochen, bis der Rhabarber zerfällt. Dann die Herdplatte ausstellen, den Vanillezucker unterrühren und das Kompott ziehen lassen, bis der Schmarrn fertig zubereitet ist. Für den Kaiserschmarrn in einer schweren Pfanne etwas Öl erhitzen. Den Teig komplett hineingeben. Wenn er anfängt zu stocken, mit der Gabel in mundgerechte Stücke zupfen und diese wenden. Den fertigen Schmarrn auf Tellern anrichten, mit etwas Puderzucker bestäuben, ein paar Kleckse Rhabarberkompott dazu – fertig ist das Frühstück de luxe.

**KÜCHENKINDER** schlagen Eischnee, wiegen das Mehl ab, rühren den Teig, schnippeln Rhabarber und verteilen den Puderzucker.

## Frühlingssmoothie Vitamine, Vitamine

*Smoothies sind derzeit in aller Munde, weil darin Gemüse und Obst von der Restrampe in den Himmel gesunder Ernährung aufsteigen darf. Spar-Tipp: Die Obst-Gemüse-Zutaten für diesen Smoothie portionsweise einfrieren, dann halten die alte Banane und der Rest Spinat noch monatelang!*

**2 Handvoll Babyspinat · 1 Banane ·
1 Mango · 1 kleiner Becher Joghurt ·
300 ml Sprudelwasser · 1 Handvoll
Tiefkühlbeeren · 1 EL Ahornsirup ·
4 Minzeblättchen**

**4 kleine Frühstückssmoothies**

**10 Min.**

Den Babyspinat gründlich waschen und abtropfen lassen. Banane und Mango schälen und grob zerkleinern. Die Früchte und den Spinat in einen Standmixer geben oder in ein hohes Gefäß, falls man mit dem Pürierstab arbeitet. Auf mittlerer Stufe zerkleinern. Nach und nach den Joghurt und das Sprudelwasser zugeben. Zum Schluss mit Tiefkühlbeeren und Ahornsirup auf hoher Drehzahl aufschäumen und in vier Gläser verteilen. Mit einem Minzeblättchen garnieren.

**KÜCHENKINDER** bedienen den Mixer, suchen Strohhalme aus, zupfen die Minze.

## Energiekugeln **RAFFINIERT**

*Für »süße Zähne« sind die Energiekugeln eine gute Alternative zu Schokoriegeln. Ein prima Snack für Schüler, die bei den Hausaufgaben ein Konzentrationstief haben oder als kleines Zuckerl für die Hausaufgabenbegleitung. Die Kiste mit Backzutaten ist danach auch wieder aufgeräumter …*

**100 g Mandeln · 100 g getrocknete
Aprikosen · 1 TL Ahornsirup ·
1 EL Tahina · ½ TL Vanillezucker ·
etwas Kakaopulver zum Wälzen**

**4 Portionen**

**15 Min. + 1 Stunde Einweichzeit**

Mandeln 1 Stunde in Wasser einweichen. Die getrockneten Aprikosen heiß abspülen, falls die Früchte geschwefelt sind. Die Mandeln abgießen und zusammen mit Aprikosen zu einer glatten Masse pürieren. Tahina sowie Vanillezucker dazugeben und zu einem glatten Teig kneten – ist die Masse zu feucht, mehr gemahlene Mandeln oder eine Prise Mehl dazugeben. Aus dem Teig Kugeln formen und diese im Kakaopulver wälzen.

**KÜCHENKINDER** kneten den Teig, formen die Kugeln und wälzen sie in Kakaopulver.

**TIPP** Kakaopulver in eine Butterbrotdose geben, Kugeln dazu, Dose verschließen und schütteln.

# Rhabarberkuchen mit Baiserhaube

*Die Verbindung zwischen saurem Rhabarber und der knusprig süßen Baiserschicht ist einfach himmlisch. Himmlisch auch, dass kein Eigelb übrig bleibt. Die Menge ist für eine kleine Spring-form, weil man den Kuchen frisch essen muss. Für eine Party einfach verdreifachen.*

**4–5 Stangen Rhabarber** • **125 g Butter oder Margarine** • **125 g Zucker** • **3 Eier** • **130 g Mehl** • **1 TL Backpulver** • **200 g Puderzucker** • **1 TL Zitronensaft** • **1 Prise Salz**

**1 kleine Springform**
**50 Min.**

Den Ofen auf 180 Grad Umluft (200 Grad Ober-/Unterhitze) vorheizen. Rhabarber put-zen und in feine Scheiben schneiden. Zimmerwarme Butter mit Zucker schaumig rühren. Ein Ei ganz, von den anderen Eiern nur die Eigelbe zum Rührteig geben. Eiweiß kühl stel-len. Mehl mit Backpulver mischen und mit der Butter-Zucker-Eimischung vermengen. Springform einfetten und bemehlen. Den Teig hineingeben und die Rhabarberstückchen darauf verteilen. Im Ofen 15–20 Min. vorbacken. Das Eiweiß steif schlagen und Puderzu-cker, Zitronensaft und Salz nach und nach einarbeiten. Baisermasse auf dem Kuchen ver-teilen und ca. 10–15 Min. weiterbacken, bis die Baiserschicht goldgelb ist.

# Rüblikuchen im Weckglas

*Nachdem nun fast alles Eingekochte aus dem letzten Sommer verzehrt ist, stehen die Weckgläser ungenützt im Küchenschrank rum. Wie schade! Schließlich kann man darin ganz unkompliziert kleine Kuchen backen, beispielsweise als haltbares Mitbringsel fürs nächste Osterfrühstück.*

**4 große Möhren** • **100 g Dinkelvoll-kornmehl** • **200 g Mandeln** • **2 TL Back-pulver** • **½ TL Salz** • **4 Eier** • **150 g Rohrohr-zucker** • **1 Päckchen Vanillezucker** • **200 ml neutrales Öl**

**4–6 kleine Weckgläser**
**1 Stunde**

Weckgläser heiß ausspülen und gründlich einfetten. Den Ofen auf 180 Grad Umluft (200 Grad Ober-/Unterhitze) vorheizen. Möhren schälen und raspeln. Mandeln grob mahlen. Mehl sowie gemahlene Mandeln mit Backpulver und Salz vermengen. Eier mit Zucker und Vanillezucker schaumig schlagen, nach und nach das Öl zugeben. Die trockenen zu den flüssigen Zutaten geben, verrühren. Zum Schluss die Möhren unterheben und den Teig auf die Gläser verteilen. Die Gläser maximal zu zwei Dritteln befüllen. Teigs-pritzer entfernen. Bei 180 Grad je nach Glasgröße 30–40 Min. backen. Unbedingt Stäb-chenprobe machen. Nach dem Backen die noch heißen Gläser mit Gummiring, Deckel und Klammer verschließen.

# Kressebrot

*Im März oder April ist es leider ist es noch zu früh zum Garteln, aber die Lust auf frische, knackige Kost ist da. Also schnell den Frühling aufs heimische Fensterbrett geholt: Kresse ist so ziemlich das einfachste Gewächs, dass man »indoor« ziehen kann.*

**mehrere Lagen Küchenpapier
oder Toilettenpapier
1 alte Plastikschale, z.B. Obstverpackung
oder große Eierschalenreste
1 Handvoll Kressesamen
4 ganz frische Scheiben Graubrot
Butter
Salz**

**4 Portionen**
**1 Woche Wartezeit**

Das Küchenpapier oder Klopapier möglichst glatt in die Plastikschale legen und gut durchfeuchten. Die Kressesamen gleichmäßig darauf verteilen und immer gut feucht halten. Nach Bedarf ernten. Alternativ: Alte Eierschalen gründlich ausspülen, bunt bemalen, in einen Eierbecher geben, sodass sie stabil stehen, und mit Küchenpapier oder Klopapier auskleiden. Weiter wie oben verfahren. Nach etwa

1 Woche ist die Kresse grün und essbar. Am besten schmeckt die Kresse auf einer Scheibe frisch gebackenem Graubrot, dick mit Butter bestrichen und mit ein wenig Salz bestreut.

**KÜCHENKINDER** dürfen Eierschalen ausspülen, Küchenpapier anfeuchten und Kressesamen aufstreuen. Und natürlich jeden Tag fleißig gießen!

FRÜHLING AUFS BROT

# MILCHMÄDCHEN-Sonntag

Schon immer war ein verregneter Sonntag oder ein Tag, an dem draußen ein Frühjahrssturm tobte, die ideale Zeit, um in Werkstatt oder
Küche tätig zu werden und Lebensmittel für die nächste Woche vorzu-
bereiten oder vorzukochen. Dass beispielsweise Butter früher zu Hause
selber hergestellt wurde, können Kinder der Fruchtzwergegeneration oft
nur schwer begreifen. Warum bringen wir es ihnen nicht einfach bei?
Das ganze Projekt ist nämlich ziemlich einfach: Weder müssen wir einen
Ausflug in die Molkerei einplanen, noch besondere Gerätschaften oder
teures Zubehör anschaffen. Ein altes Schraubglas und ein Becher Sahne
sind alles, was die angehenden Milchmädchen und -buben benötigen.

# Selbst gemachte Butter

*Was passiert, wenn man Sonntag früh feststellt, dass keine Butter mehr im Kühlschrank ist? Statt ein Familienmitglied motorisiert zur nächsten Tankstelle zu jagen, um überteuerte Butter zu kaufen, stellen wir sie lieber schnell selbst her. Dann sind die Kinder auch gleich beschäftigt!*

🛍 **2 Becher Sahne**
**1 altes Schraubglas**

✗ **1 Stück Butter**
🕐 **1 Stunde**

Das Schraubglas gründlich reinigen. Anschließend das Glas mit kaltem Wasser ausspülen, damit die Sahne nicht gerinnt. Die Schlagsahne in das Schraubglas füllen und sehr gut zuschrauben. Nun dürfen die Kinder der Reihe nach das Glas so lange kräftig schütteln, bis sich die Sahne zu Butter und Buttermilch getrennt hat. Das kann bis zu 15 Min. dauern! Ist der Klumpen Butter groß und schwabbert im Glas herum, muss die erste Buttermilch abgeschüttet werden. Unbedingt aufheben, man kann sie gut zum Backen gebrauchen (Buttermilchbrot, Seite 119). Nun muss die Butter noch gewaschen werden: Dazu frisches, kaltes Wasser in das Glas geben, schütteln, das trübe gewordene Wasser abgießen und so lange weiterwaschen, bis das Wasser im Glas klar bleibt. Die Butter entnehmen und in einem tiefen Teller so lange kneten, bis aus dem Butterstück keine Flüssigkeit mehr herauskommt. Die Butter in Form kneten und vor dem Verzehr mindestens eine halbe Stunde im Kühlschrank runterkühlen.

**TIPP** Für Kräuterbutter beim Kneten der Butter eine Handvoll frischer, fein gehackter Frühlingskräuter sowie etwas Meersalz mit einkneten.

# Surf 'n' Turf Spargelsalat

*Eine etwas andere Art der Spargelzubereitung – nicht nur für Fans der Stangenware. Surf (Krabben) und Turf (Spargel) ist ein Klassiker und ein wunderbares Abendessen für zwei. Damit es auch wunderbar für Flora und Fauna ist, greifen wir zu Bio-Krabben oder Ware aus lokaler Produktion.*

**500 g weißer Spargel • 2 Spritzer Zitronensaft • 100 g gegarte Krabben • 1 EL frische Petersilie • 1 TL Estragonblättchen • 3 EL Olivenöl • 2 EL Mayonnaise • 1 EL Sherry • grobes Meersalz • 1 TL Zucker**

**2 Portionen**
**30 Min.**

Den Spargel schälen. Schalen sowie Abschnitte für die Spargelconsomée (Seite 32) aufheben. Spargel unter Zusatz von etwas Zitronensaft bissfest kochen. Krabben abspülen und abtropfen lassen. Petersilie und Estragon waschen, trocknen und fein hacken. Spargel abgießen und abkühlen lassen. Aus Olivenöl, Mayonnaise, 1 Spritzer Zitronensaft und Sherry sowie Petersilie und Estragon eine Sauce herstellen. Mit Meersalz und Zucker abschmecken. Spargel auf einer Servierplatte anrichten, die Krabben darübergeben und mit der Sauce übergießen. Kurz durchziehen lassen. Dazu schmecken frisches Baguette und fruchtiger Weißwein.

# Eiersalat aus Ostereiern

*Ostern ist vorbei, die Deko schon auf dem Dachboden, doch leider lümmeln immer noch ein paar bunte Eier im Kühlschrank rum? Die Lösung: ein frischer Eiersalat, der so gar nichts zu tun hat mit den fettig-schweren Varianten der 70er-Jahre und der sich gut auf einem Sandwich macht.*

**4 Ostereier bzw. hart gekochte Eier • 4 EL fettarmer Joghurt • 1 EL Mayonnaise • 1 EL Dijonsenf • 1 EL Zitronensaft • 1 Prise Currypulver • Salz • 1 Handvoll grüne Oliven • 1 Handvoll Rotkohl • 1 Handvoll frischer Petersilie •** Optional: **Tabasco**

**2 Portionen**
**15 Min.**

Die Ostereier pellen, vierteln und hacken. Aus Joghurt, Mayonnaise, Dijonsenf, Zitronensaft, Curry und Salz eine Salatsauce herstellen. Über die Eier geben. Die Oliven in Ringe schneiden. Den Rotkohl fein raspeln. Kraut und Oliven zum Salat geben. Verrühren und mit frischer Petersilie garnieren. Wer es scharf mag, kann ein wenig Tabasco in die Salatsauce geben. Dazu schmeckt Baguette.

KÜCHENKINDER pellen und zerteilen die Eier, rühren die Salatsauce und raspeln den Kohl.

# Spinatsalat mit Blutwurstgeröstl

*Die köstlich-würzige Blutwurst hat leider ein Imageproblem, aber: wer Schnitzel isst, sollte auch Blutwurst essen. Jedenfalls war das früher so, als es noch Hausschlachtungen gab und man ganzheitlich das gesamte Schwein verwertet hat. Für Vegetarier gibt es stattdessen Pangrattato (siehe unten).*

**500 g Babyspinat · 200 g Blutwurst ·
3 EL Olivenöl · 2 EL Balsamicoessig ·
1 TL süßer Senf · 1 EL Ahornsirup ·
1 Handvoll TK-Petersilie · 1 TL Salz ·
Pfeffer, frisch gemahlen**

**4 Portionen**
**20–30 Min.**

Babyspinat verlesen, waschen und trocken schleudern. Die Blutwurst in Scheiben schneiden. Eine große schwere Pfanne ohne Fett erhitzen und die Blutwurst darin rösch anbraten. Das Geröstl warm stellen. Für die Salatsauce Öl, Essig, Senf, Ahornsirup, Petersilie und Salz in einem alten Gurkenglas, Shaker oder Babygläschen durch Schütteln gut vermischen. Auf vier Tellern je 2 Handvoll Babyspinat und etwas Geröstl geben und mit der Sauce sowie frisch gemahlenem Pfeffer anrichten. Dazu schmeckt Baguette.

# Pangrattato

*Rezepte für Brot- oder Semmelreste gibt es wirklich zahlreich in allen Regionen Europas. Besonders angetan hat es mir hierbei das Pangrattato, das früher von einfachen Leuten in Italien zubereitet wurde, um den wertvollen und teuren Parmesan ein wenig zu strecken.*

**1 altbackene Semmel · 1–2 EL Olivenöl ·
1 Handvoll Parmesan · 1 TL Salz ·
1 kleine Chili**

**4 Portionen**
**15 Min.**

Die altbackene Semmel auf einer Reibe oder in der Küchenmaschine zu groben Bröseln verarbeiten. Olivenöl erhitzen und die Semmelbrösel darin goldgelb rösten. Die fertigen Brösel in eine Schüssel geben, abkühlen lassen, mit dem Parmesan sowie Salz und – wer mag – einer klein gehackten Chili vermengen. Anstelle des Geröstls über den Spinatsalat geben. Pangrattato ist auch ganz fein mit Spaghetti.

**KÜCHENKINDER** reiben die Semmel.

# Grünes Radieschenpesto

*Früher habe ich Radieschengrün einfach entfernt und weggeworfen. Was für eine Schande! Schließlich kann man aus dem frischen, knackigen Grün von Radieserln nicht nur Salat machen, sondern auch ein wunderbares Pesto, das dem Original mit Basilikum in keiner Weise nachsteht.*

🛒 **2 Bund Radieschengrün • 100 g Pinien-kerne • 100 g Parmesan • 2 Knoblauch-zehen • 3–4 EL Rapsöl • 1 TL Salz • etwas Zitronensaft**

✗ **1–2 Gläser**
🕐 **15 Min.**

🍃 Radieschengrün waschen und die Strünke entfernen. 🍃 Pinienkerne mit grob vorge-schnittenem Parmesankäse sowie Radieschengrün in der Küchenmaschine oder mit dem Pürierstab zu einer cremigen Paste verarbeiten. 🍃 Knoblauchzehen abziehen, dazugeben, das Rapsöl angießen und weiter pürieren, bis das Pesto eine cremige Konsistenz hat. Mit Salz sowie Zitronensaft abschmecken und in ein sauberes Glas geben. 🍃 Das Pesto hält sich, mit Öl bedeckt, im Kühlschrank eine Woche. Schmeckt am besten zu Spaghetti, aber auch auf altbackenem Brot als Crostini.

**KÜCHENKINDER** putzen das Grün und kochen die Nudeln.

# Rotes Möhrenpesto für Mäkelmäuler ⟩ RAFFINIERT

*Wenn den lieben Kleinen das Radieschenpesto zu gewagt erscheint, kann man sich an dieser Va-riante eines roten Pestos versuchen und fürs Wochenende ein kleines Pastabüfett planen. Das Möhrenpesto eignet sich aber auch gut als vegetarischer Brotaufstrich!*

🛒 **5 Möhren • 1 Handvoll grüne Oliven • 1 Handvoll Oreganoblättchen • 1 Handvoll Walnusskerne • 1 Handvoll Parmesan • 5 EL Walnussöl • 2 TL Salz • 1 TL Zucker • 1 EL Tomatenmark**

✗ **1 Glas**
🕐 **35 Min.**

🥕 Die Möhren schrubben, nicht schälen, und in Scheiben geschnitten in Salzwasser weich kochen. 🥕 Währenddessen die Oliven abtropfen lassen und die Oreganoblättchen waschen. 🥕 Die gekochten Möhren abgießen, abtropfen lassen und mit Oliven, Oregano, Walnüs-sen sowie Parmesan grob pürieren. Bei laufender Küchenmaschine nach und nach das Wal-nussöl dazugeben, bis eine glatte Masse entsteht. 🥕 Das Möhrenpesto mit Salz, Zucker und Tomatenmark abschmecken. Wie das Radieschenpesto hält sich dieses Pesto bis zu einer Woche im Kühlschrank.

**KÜCHENKINDER** schrubben die Möhren und bedienen die Küchenmaschine.

RADIESCHENGRÜN im PESTOGLÜCK

## Bärlauchwürzöl >█ Resteverwertung █<

*Der Bärlauch, eines der wenigen wild wachsende Kräuter, die es zum Modekraut geschafft haben, ist nur für relative kurze Zeit frisch aus dem Wald zu haben. Als Würzöl ist es das ganze Jahr haltbar und als Marinade für Grillsteaks einfach perfekt.*

🛍 **2 Handvoll frischer Bärlauch •**
**½ Flasche Olivenöl**

✗ **1 Flasche**
🕐 **15 Min. + einige Wochen Ziehzeit**

➤ Die Bärlauchblätter gründlich waschen und im Mixer grob zerhäckseln. ➤ In eine sterilisierte Glasflasche erst den Bärlauch, dann das Öl geben. So viel Öl dazugeben, dass die Bärlauchblätter gut bedeckt sind. Vor dem ersten Gebrauch ein paar Wochen an einem kühlen, dunklen Ort ziehen lassen.

**TIPP** Bärlauch immer abseits von Hundestrecken suchen! Nicht mit Veilchenblättern oder jungen Blättern des Aronstabs verwechseln! Wem das Sammeln zu mühsam ist, kann Bärlauch auch auf dem Markt kaufen. Kinder helfen aber immer gerne beim Suchen mit.

## Pollo tonnato >█ Resteverwertung █<

*Sollte wider Erwarten von einem Brat- oder Suppenhuhn das tolle Brustfleisch übrig sein, kann man damit eine feine Vorspeise oder einen leichten Lunch machen. Reste von Thunfisch sind hier natürlich ebenfalls willkommen. Die Mengen lassen sich beliebig nach oben skalieren.*

🛍 **2 Hühnerbrüste, gegart • 1 Dose**
**Bio-Thunfisch • 1 EL Milch • 2 EL Crème**
**fraîche • 2 EL Zitronensaft • 1 Zweig**
**Thymian • Salz • weißer Pfeffer, frisch**
**gemahlen • 2 TL Kapern • 1 TL Estragon-**
**blättchen**

✗ **2 Portionen**
🕐 **15 Min.**

➤ Die Hühnerbrust mit einem scharfen Messer in dünne Scheiben schneiden und auf einem Teller anrichten. ➤ Den Thunfisch mit Milch und Crème fraîche sowie dem Zitronensaft pürieren. ➤ Thymianblättchen abzupfen. Die Thunfischcreme mit Thymian, Salz und Pfeffer würzen und über das Hühnerfleisch geben. ➤ Mit den Kapern sowie Estragonblättchen garnieren und servieren.

## Möhrensalat Tokio

*Zu viel Möhren gekauft? Dann ist dieser Salat eine gute Verwertung, außerdem ein toller Snack für das nächste Salatbüfett, der wegen der pikanten Sauce auch Gemüsefeinden schmecken könnte. Inspiriert wurde er von Karotten-Kinpira, einem Bento-Klassiker.*

**6–8 Möhren • 2 EL Walnussöl • 1 EL Ahornsirup • 2 EL Sojasauce • 2 EL Wasser • 1 EL Tahina • 1 Handvoll Cashewkerne**

**4 Portionen**
**30–40 Min.**

Die Möhren schälen und in gleich große Stifte schneiden. In einer Pfanne Walnussöl erhitzen und die Stifte darin kurz anbraten, bis sie leicht gebräunt sind. Ahornsirup dazugeben, Möhren karamellisieren. Die Sojasauce mit Wasser und Tahina verrühren und die Möhren damit ablöschen. Einkochen lassen, bis alle Flüssigkeit weg ist und die Möhren mit einer leckeren Saucenschicht überzogen sind. Abkühlen lassen. Währenddessen die Cashews grob hacken und in einer Pfanne ohne Fett knusprig anrösten. Die Möhren in eine Salatschüssel geben, mit den Cashews überstreuen und servieren.

## Rhabarber-Bellinis RAFFINIERT

*Ich liebe Rhabarber und versuche, aus der Saison so viel es geht herauszuholen. Eine tolle Verwertung für ein paar übrig gebliebene Stangen ist dieses Rezept für Bellinis, ein elternfreundliches Getränk für die ersten heißen Frühlingstage. Kindern schmeckt der Sirup mit Sprudel.*

**3–4 Stangen Rhabarber • 200 g Rohrohrzucker • 250 ml Wasser • Saft von 1 Blutorange • 1 Flasche Prosecco**

**4–6 Gläschen**
**30 Min. + Zeit zum Abkühlen**

Den Rhabarber waschen, aber nicht schälen, und in Scheiben schneiden. In einen Topf geben und mit Zucker vermischen. Wasser und Blutorangensaft zugeben und 20 Min. kochen. Anschließend durch ein Sieb in ein großes Gefäß abgießen und abtropfen lassen, gegebenenfalls passieren. Sirup abkühlen lassen. Die Gläser kalt stellen. Dann erst mit ⅓ Rhabarbersirup füllen und mit eiskaltem Prosecco aufgießen.

# LEFTOVER-SATURDAY

## Leftover-Spargelconsomée

*Wir schälen fleißig Spargel, schneiden holzige Enden ab und werfen das Ganze dann in den Kompost, bestenfalls. Unnötige Verschwendung! Aus diesem vermeintlichen Abfall lässt sich nämlich eine äußerst leckere Spargelconsomée herstellen. Und altes Brot wird gleich noch zu leckeren Croûtons.*

🛍 **Schalen und Abschnitte von 1 kg Spargel** •
**500 ml Hühnerfond** • **1 EL Butter** • **1–2 EL**
**Mehl** • **Salz** • **Muskatnuss, frisch gerieben** •
**2 Handvoll altes Brot**

🍴 **2–4 Portionen**
🕐 **30 Min.**

➤ Die Spargelschalen und -abschnitte in einem großen Topf knapp mit Hühnerfond bedecken. Die Schalen circa 15 Min. auskochen, dann abgießen und den Sud dabei in einer Schüssel auffangen. ➤ Im Topf die Butter schmelzen und mit dem Mehl eine helle Einbrenne herstellen. Unter ständigem Rühren auf kleiner Flamme den Sud dazugeben und unter Rühren köcheln lassen, bis eine cremige Suppe entsteht. ➤ Die Consommée mit Salz und Muskat abschmecken. ➤ Altes Brot in Würfel schneiden und bei geringer Hitze in etwas Butter knusprig braten. Vor dem Servieren über die Consomée geben.

## Lachsfilet mit Frankfurter Gri Soß

*Frankfurter Gri Soß ist ein Klassiker aus Hessen, der das Beste aus der frühjährlichen Kräuterpracht macht. Traditionell isst man sie zu Kalbsbraten oder hart gekochten Eiern, ich finde sie aber auch zu Lachfilets perfekt. Mein absoluter Favorit für Gründonnerstag oder Karfreitag.*

🔒 **4 Lachsfiletstücke mit Haut**
**Olivenöl**
**Zitronensaft**
**Salz**
**Pfeffer, frisch gemahlen**
**1 Bund Kräuter für Frankfurter Grüne Sauce**
**2 hart gekochte Eier**
**4 Cornichons**
**2 EL Mayonnaise**
**1 Becher Schmand**
**4–6 EL Gurkenwasser**

🍴 **4–6 Portionen**
🕐 **25 Min. + 20 Min. Garzeit**

➤ Den Backofen auf 200 Grad Umluft (220 Grad Ober-/Unterhitze) vorheizen. ➤ Die Fischfilets abspülen und mit der Hautseite nach unten auf ein gut eingefettetes Backblech legen. Mit Olivenöl bepinseln, etwas Zitronensaft über die Filets träufeln und mit Salz sowie frisch gemahlenem Pfeffer würzen. ➤ Lachsfilets im Backofen 20 Min. garen. ➤ Währenddessen die Sauce zubereiten. Dazu die Kräuter gründlich waschen und trocken schleudern. Portionsweise sehr fein hacken. ➤ Die hart gekochten Eier pellen.

Eier und Cornichons fein würfeln und zu den Kräutern geben. ➤ Mayonnaise mit Schmand und Gurkenwasser zu einer glatten Masse verrühren. Mit Salz und Pfeffer pikant abschmecken und mit der Kräuter-Ei-Mischung vermengen. ➤ Die Sauce zu den gebratenem Lachsfilets servieren. Lecker mit Pellkartoffeln!

**KÜCHENKINDER** waschen und verarbeiten die Kräuter, pellen die Eier, rühren die Sauce, schrubben die Pellkartoffeln.

# GRÜNER KLASSIKER FÜR die OSTERZEIT

# Das perfekte Rindersteak  ▶ RAFFINIERT ◀

*Das beste Steak meines Lebens habe ich in Michigan an einem kleinen See gegessen. Dass es so gut schmeckte, hatte vermutlich weniger mit der Herkunft des Rinds zu tun als mit der Tatsache, dass wir völlig ausgehungert waren und nette Menschen uns zum Feiern eingeladen hatten …*

🛍 1 Auflaufform mit Deckel • 1 große
schwere Pfanne • 4 Bio-Rindersteaks •
1 EL Rapsöl • Salz • Pfeffer, frisch gemahlen

✗ **4 Portionen**
🕐 **10–30 Min.**

▶ Rindersteaks eine halbe Stunde vor der Zubereitung aus dem Kühlschrank nehmen. ▶ Den Backofen auf 130 Grad Umluft (150 Grad Ober-/Unterhitze) vorheizen. Eine Auflaufform in den Ofen stellen und mit vorheizen. ▶ Die Pfanne erhitzen und Öl hinzugeben. Wenn es anfängt Schlieren zu bilden, sofort die Steaks in die Pfanne geben. Auf beiden Seite je 1 Min. rösch anbraten. Die Steaks in die Auflaufform legen. Deckel drauf und im Ofen nachgaren lassen. ▶ Für ein Steak mit rotem Kern das Fleisch 6–10 Min., für ein Steak mit rosa Kern das Fleisch 12–15 Min. und für ein Steak, das ganz durch ist, das Fleisch 15–20 Min. im Ofen nachgaren. Die Zeit richtet sich auch nach der Dicke der Steaks. ▶ Die fertigen Steaks kräftig mit Salz sowie Pfeffer würzen und sofort servieren. Dazu passen folgende Frühlingskartoffeln.

# Frühlingskartoffeln mit Kümmelquark  ▶  ◀

*Meine Mutter hat in ihrer Speisekammer eine kleine Mappe mit Rezeptkarten aus ihren ersten Ehejahren. Beim Durchstöbern dieser Karten fiel mir dieses Rezept aus dem Jahr 1974 in die Hände. Eine schöne Variante zu den klassischen Pellkartoffeln mit Quark und voller saisonaler Zutaten.*

🛍 1 kg Kartoffeln • 1 Bund Radieschen •
250 g Magerquark • 100 ml Milch •
1 TL Salz • 1 EL Kümmelsamen • Pfeffer,
frisch gemahlen • 1 kleine Zwiebel •
1 Bund Dill • 1 Bund Petersilie • 1 EL Butter

✗ **4 Portionen**
🕐 **15 Min. + 20 Min. Garzeit**

▶ Die Kartoffeln als Pellkartoffeln kochen. ▶ Radieschen putzen und in Scheiben schneiden. (Das Grün für das Radieschenpesto (Seite 28) aufheben.) ▶ Quark und Milch glatt rühren, mit Salz, Kümmelsamen und Pfeffer würzen. ▶ Die Zwiebel abziehen, sehr fein würfeln und zum Quark geben. Dill und Petersilie waschen und fein hacken. ▶ Die Kartoffeln pellen, in Scheiben schneiden und im noch heißen Topf in etwas Butter schwenken. In einer Schüssel mit Radieschen und Kräutern mischen. Frühlingskartoffeln sofort servieren und den Quark dazu reichen.

**KÜCHENKINDER** helfen beim Kümmelquark und pellen Kartoffeln.

# Überbackener Mangold ▶ Schnell & einfach

*Mangold ist eine gute Alternative zu Spargel aus Chile denn, man höre und staune, Mangoldstiele schmecken außerordentlich spargelig. Wenn also noch keine Spargelsaison ist, einfach dieses Gericht zubereiten, das Spargel mit Sauce Hollandaise fast den Rang ablaufen könnte.*

**1–2 Stauden Mangold**
**2–3 EL Butter**
**3 EL Mehl**
**120 ml warme Milch**
**Salz**
**Pfeffer, frisch gemahlen**
**Muskatnuss, frisch gerieben**
**1 Handvoll Reibekäse**

**4 Portionen**
**20 Min. + 30 Min. Garzeit**

Den Ofen auf 180 Grad Umluft (200 Grad Ober-/Unterhitze) vorheizen. Mangold waschen und das Grün von den Stielen trennen. Das Grün grob hacken und beiseite stellen. Die Stiele in mundgerechte Stücke teilen und in sprudelndem Salzwasser circa 10 Min. garen. Anschließend abgießen und etwas Kochwasser für die Béchamelsauce auffangen. Die Butter in einem Topf schmelzen und das Mehl darin goldgelb anrösten. Warme Milch angießen, mit einem Schneebesen gründlich verrühren und kurz aufkochen lassen. Falls die Béchamel zu dick wird, etwas vom Mangoldkochwasser dazugeben. Mit Salz und Pfeffer sowie Muskatnuss würzen. Das Grün sowie die vorgegarten Mangoldstile in eine große Auflaufform geben und mit der Béchamelsauce übergießen. Reibekäse drübergeben und das Ganze circa 20 Min. überbacken. Dazu passen neben Salzkartoffeln ein kalter Riesling.

**KÜCHENKINDER** putzen Mangold, rühren Béchamelsauce und schälen Kartoffeln.

**TIPP** Reste von Schinken oder Speck zusammen mit der Béchamelsauce auf den Mangold geben.

# Zitronige Frühlingssuppe mit Erbsen

*Im Frühling ist alles frisch: das Grün, der Wind, erstes Gemüse. Frisch ist auch der Geschmack dieser Frühlingssuppe, die alles verwertet, was noch so im Gemüsefach rumliegt. Und weil die Suppe nicht nach Kohl riecht, schmeckt sie bestimmt auch den kleinen Mäkelmuffeln.*

1 Becher Sahne • 150 ml Gemüse- **oder** Rinderfond • Saft von 2 Zitronen • 1 Möhre • 1 Stangensellerie • 1 Kohlrabi • 1 Knolle Fenchel • Olivenöl • Butter • 2 Handvoll Erbsen (frisch **oder** TK) • Salz • Pfeffer, frisch gemahlen • 1 Handvoll Petersilie • 1 Zweig Minze

4–6 Portionen
40 Min.

Die Sahne mit der Brühe sowie dem Zitronensaft aufsetzen und so lange kochen, bis daraus eine würzige Zitronensahne entstanden ist. In der Zwischenzeit in einem separaten, größeren Topf die Suppe ansetzen. Dazu die Möhre schälen und fein raspeln. Stangensellerie waschen und in feine Scheiben schneiden. Kohlrabi schälen und würfeln. Den Fenchel inklusive Grün und Stängeln in gleich große Stücke schneiden. Dann im Suppentopf Olivenöl sowie Butter schmelzen, das Gemüse andünsten und nur knapp mit Wasser bedecken. So lange kochen, bis das Gemüse gar ist, dann die Erbsen sowie die Zitronensahne dazugeben und noch mal kurz aufkochen. Mit Salz und Pfeffer abschmecken. Die Petersilie und die Minze waschen, trocken schütteln und zupfen. Die Kräuter fein wiegen und vor dem Servieren über die Suppe geben.

**KÜCHENKINDER** schnippeln Gemüse, pressen Zitronen aus und rühren.

## Frühlingszwiebeln NACHWACHSEN lassen

Wer hätte gedacht, dass man im Leben nur einen Bund Frühlingszwiebeln kaufen muss, denn Frühlingszwiebeln kann man wie Blumen in ein Glas mit Wasser stecken und immer wieder frisches Grün abschneiden. Selbiges funktioniert übrigens auch mit gekeimten Zwiebeln (einfach direkt in die Erde stecken), Möhren-Abschnitten mit Grün oben dran (dito) oder Ananasabschnitten mit Blättern – mein Cousin hat daraus mal eine stattliche Zimmerpflanze gezogen! So geht's: Den Bund Frühlingszwiebeln in das Glas mit Wasser stellen. Oben immer wieder Grün zur Verwendung abschneiden – dieses wächst binnen 14 Tagen wieder nach. Das Glas am besten aufs helle Fensterbrett stellen. Wasser regelmäßig alle 2–3 Tage austauschen, sonst fangen die Zwiebeln an zu faulen.

# Risi-e-bisi

*Risi-e-bisi ist mein Lieblingsrisotto und wird leider ziemlich unterschätzt. Während alle sich an Risotto Milanese oder Spargelrisotto abarbeiten, fristet das gute Risi-e-bisi ein undankbares Schattendasein. Dabei ist es die einzige Antwort auf Kälteeinbrüche im Mai, weil es warm und gehaltvoll ist.*

🛍 **4 große Handvoll Risottoreis ·**
**2–3 Handvoll Erbsen (frisch oder TK) ·**
**1 EL Butter · 1 Handvoll gewürfelter**
**Speck · 1 kleine Gemüsezwiebel ·**
**400–500 ml vorgewärmte Rinderbrühe ·**
**1 Handvoll Parmesan · Pfeffer**

🍴 **4 Portionen**
🕐 **40 Min.**

Den Risottoreis mit kaltem Wasser waschen und beiseite stellen. Bei der Verwendung von frischen Erbsen diese palen, Tiefkühlerbsen in einem Sieb auftauen lassen. Butter in einem großen Topf erhitzen. Den Speck darin auslassen und knusprig anbraten. Währenddessen die Gemüsezwiebel abziehen, würfeln, zugeben und ebenfalls goldgelb anbraten. Den Reis hinzufügen, kurz mitdünsten. Dann vorgewärmte Brühe angießen. Aufkochen lassen und auf kleiner Flamme unter ständigem Rühren köcheln lassen. Nach circa 10 Min. die Erbsen dazugeben. Etwas Rinderbrühe nachgießen, falls alle Flüssigkeit schon aufgesogen ist. So lange kochen, bis der Reis gar, aber noch bissfest ist. Zum Schluss mit frisch geriebenem Parmesan sowie Pfeffer abschmecken und sofort servieren.

# Selbst gemachte Hühnerteilchen

*Ein Fast-Food-Klassiker, der so einfach selber herzustellen ist, dass man den Produkten großer Ketten oder tiefgekühlten Billigfleisch-Nuggets für immer den Rücken kehrt! Diese Variante ist mittlerweile unser Renner für Kindergeburtstage und auch bei Erwachsenen äußerst beliebt.*

🛍 **4–5 Bio-Hühnerbrustfilets · 1 Suppen-**
**teller Semmelbrösel · 1 TL Salz · etwas**
**Pfeffer, frisch gemahlen · je nach**
**Geschmack: 1 TL Paprika oder**
**2 EL geriebener Parmesan oder**
**1 TL Estragon oder 1 TL Rosmarin ·**
**1 Suppenteller Weizenmehl · 2 Eier**

🍴 **2 Erwachsenen- und**
**4–6 Kinderportionen**
🕐 **35 Min.**

Ofen auf 180 Grad Umluft (200 Grad Ober-/Unterhitze) vorheizen. Hühnerbrustfilets in nuggetgroße Stücke schneiden. Ein Backblech mit Backpapier auslegen. Semmelbrösel salzen, pfeffern und je nach Geschmack mit weiteren Zutaten würzen. Eier verquirlen. Hühnerstücke zuerst im Mehl, dann im Ei und zum Schluss in den Semmelbröseln wenden und auf das Blech legen. 20 Min. backen, bis die Panade goldgelb ist.

# Brathähnchen im Kräuterhimmel

*Weil die massenhafte Zucht von Hühner schon lange in der Kritik steht, gibt es Brathuhn bei uns nur noch selten; ein glückliches, körnerpickendes, gackerndes Demeter-Huhn ist nämlich ganz schön teuer. Damit es sich lohnt, hier ein gelingsicheres Rezept für die perfekte Zubereitung.*

1 Bio-Huhn
4 Zweige Oregano
1 Bund Petersilie
reichlich Olivenöl
1 Bio-Zitrone
2 TL Salz
½ TL Kreuzkümmel
½ TL Paprikapulver
Pfeffer, frisch gemahlen
Optional: 8 Kartoffeln

4 Portionen
20 Min. + 1 Stunde Garzeit

Den Ofen auf 200 Grad Umluft (220 Grad Ober-/Unterhitze) vorheizen. Ein Backblech einfetten. Das Huhn mit Küchenpapier abtupfen. Für die Marinade Oregano und Petersilie waschen, trocknen, grob hacken und mit dem Olivenöl vermischen. Die Zitrone heiß abwaschen, auspressen, den Saft zur Marinade geben und die Zitronenhälften in die Bauchhöhle des Huhns stecken. Salz, Kreuzkümmel und Paprikapulver zur Marinade geben. Gut vermischen. Nun das Huhn marinieren. Dabei vorsichtig die Haut vom Brustfleisch lösen und einen großzügigen Teil der Marinade zwischen Haut und Fleisch schieben. Die Schenkel mit einem scharfen Messer einschneiden, dann die Marinade mit beiden Händen in die Haut des Huhns einmassieren. Zum Schluss großzügig mit frisch gemahlenem Pfeffer überstreuen. Das Huhn zuerst mit der Brust nach unten auf das Backblech setzen und 50 Min. bei 200 Grad backen. Dann das Huhn umdrehen und weitere 10–15 Min. braten. Um Energie zu sparen, als Beilage einfach ein paar gut geschrubbte Kartoffeln vierteln, etwas einölen sowie salzen und um das Huhn auf dem Blech verteilt einfach mitgaren.

KÜCHENKINDER zupfen die Kräuter, füllen das Huhn mit Zitrone, massieren die Marinade ein, schrubben die Kartoffeln.

## Selbst gemachter HÜHNERFOND

Wir verwerten natürlich auch das fertig abgefisselte Gerippe. Mit einer Stange Lauch, zwei Möhren, etwas Knollensellerie sowie Lorbeerblättern und Pimentkörnern in heißem Wasser ansetzen und über Nacht köcheln lassen. Das Gerippe sowie die Gemüsezutaten und Gewürze entfernen, die Suppe mit Salz und Pfeffer abschmecken, dann durch ein Mulltuch abgießen und portionsweise einfrieren – fertig ist der selbst gemachte Hühnerfond.

# Osterbrunch

Ostern weckt Hoffnung auf ein baldiges Ende von Winter, Schmuddel-wetter und Co., auch wenn die Kinder manchmal Pech haben und ihre Ostereier im Schnee suchen müssen. Ich begehe dieses Fest gerne mit ei-nem ausgedehnten Osterfrühstück im größeren Familienkreis und mit Freunden. Schließlich möchte man den während der Infektsaison einge-schlafenen Bekanntschaften wieder neues Leben einhauchen. Dafür wird der Tisch mit selbst gefärbten Eiern und bunten Servietten dekoriert und die ersten Tulpen bringen das Versprechen von baldiger Blütenbracht in die vier Wände. Die Kinder dürfen mit Schokofingern ihre Sonntagsklei-der verhunzen, während ich in diesem fröhlichen Getümmel am liebs-ten entspannt mit einer großen Tasse Kaffee an der Tafel sitze und frische Kressebrote, luftigen Pfitzauf, Spinat-Fritatta und nette Gespräche mit Freunden genieße.

# Spinat-Frittata aus dem Ofen

*Frittata ist ein Omelette aus dem Ofen und schmeckt mir besonders gut mit Spinat, reichlich Kräutern wie Schnittlauch, Kerbel, Kresse und Borretsch sowie ein paar fein gehackten Schalotten. Dass man dabei nur Eier von glücklichen Hühner verwenden sollte, versteht sich von selbst.*

**250 g Babyspinat · 1 Schalotte · 1 EL neutrales Öl · 1 Handvoll gemischte Frühlingskräuter · 5 Eier · 100 ml Milch · Salz · Pfeffer, frisch gemahlen**

**1 Pieform**

**15 Min. + 20 Min. Garzeit**

Den Ofen auf 180 Grad Umluft (200 Grad Ober-/Unterhitze) vorheizen. Die Pieform einfetten. Den Spinat waschen und abtropfen lassen. Schalotte abziehen, hacken und in etwas Öl goldgelb braten. Spinat portionsweise dazugeben und andünsten, bis er fast zerfällt. In die Pieform geben. Die Kräuter waschen, trocken schleudern und fein wiegen. Die Eier mit der Milch verrühren, mit Salz sowie Pfeffer pikant würzen und die Kräuter unterrühren. Die Eimasse über den Spinat geben und im Backofen 20 Min. stocken lassen. Die Frittata direkt aus der Form servieren.

**KÜCHENKINDER** rühren die Eier-Milch-Mischung, dürfen den Spinat waschen und die Kräuter vorbereiten.

# Spinat-Feta-Teigtaschen

*Dank fertigem Blätterteig sind die Spinat-Feta-Teigtaschen wirklich fix gemacht. Kinder mögen diese kleinen Teigtaschen trotz Spinateinlage gerne, denn das grüne Gräuel ist ja gut versteckt. Reste sind kein Problem – die Teigtaschen schmecken auch kalt.*

**500 g frischer Blattspinat • 1 Knoblauchzehe • 1 Schalotte • 1 EL Butter • 200 g Schafsfeta • 2 EL gemahlener Kreuzkümmel • 1 EL Salz • 2 Rollen Fertigblätterteig • 1 Ei, verquirlt**

**10–12 Teigtaschen**
**15 Min. + 20 Min. Backzeit**

Den Blattspinat gründlich waschen und grob hacken. Knoblauch und Schalotte abziehen, fein hacken und in der Butter goldgelb anbraten. Den Spinat dazugeben und zerfallen lassen. Die Masse in ein Sieb geben, abkühlen und gut abtropfen lassen. Den Backofen auf 180 Grad Umluft (200 Grad Ober-/Unterhitze) vorheizen. Den Fertigblätterteig aus dem Kühlschrank nehmen. Den Schafsfeta zerkrümeln, mit Kreuzkümmel und Salz würzen. Dann mit dem Spinat vermengen, sodass eine homogene Masse entsteht. Den Blätterteig ausrollen und in relativ große Quadrate schneiden. In die Mitte eines jeden Quadrates etwas von der Spinat-Feta-Masse geben, den Teig über Eck falten, die Ränder gut festdrücken. Die fertigen Taschen mit dem verquirlten Ei bestreichen und im Ofen 15–20 Min. backen, bis der Blätterteig aufgegangen und goldbraun ist.

**KÜCHENKINDER** falten Taschen, stechen aus Blätterteigresten kleine Hasen aus, bestreichen diese mit Ei und verzieren sie mit Hagelzucker (und dann einfach mitbacken).

# Camembert-Radieschen-Hack

*Radieschen sind mein absolutes Lieblingsknabbergemüse, besonders im Frühling, wenn sie frisch vom Bauern oder sogar aus dem eigenen Garten oder Glashaus kommen. Weil sie frisch und aus der Region sind, kann man das Grün gleich mitverwerten.*

🥬 **1 junger Camembert · 2 Bund Radieschen mit frischem Grün · 1 Handvoll frischer Bärlauch oder Kresse · etwas Salz**

✖ **6–8 Portionen**
🕐 **15 Min.**

➤ Den Camembert in kleine Würfel schneiden. ➤ Die Radieschen vom Grün trennen, putzen und in kleine Würfel schneiden. Das Grün gründlich waschen, trocken schleudern und fein hacken. Wer Bärlauch hat, gibt ihn fein gehackt zur Masse, ansonsten passt eine Handvoll Kresse dazu. ➤ Den Camembert-Radieschen-Hack mit etwas Salz würzen und in einer Schüssel mit ein paar Radieschenvierteln anrichten. ➤ Dazu schmeckt frisches Brot oder Pfitzauf (Seite 45).

**KÜCHENKINDER** sammeln Bärlauch, putzen Radieschen, schnippeln und rühren.

# Pfitzauf ╱ Gutes von früher ╲

*Pfitzauf ist ein urschwäbisches Gebäck, das in der neuen Welt Popover heißt, weil der Teig beim Backen über die Form »poppt«. Und das ganz ohne Backpulver oder Hefe! Ein super einfaches Rezept für Gäste, schmeckt herrlich zu Milchkaffee und erzeugt garantiert keine Reste.*

🥬 **250 g Weizenmehl · 500 ml Milch · 4 Eier, Größe M · etwas Salz · 2 EL neutrales Öl**

✖ **12 Stück**
🕐 **15 Min. + 45 Min. Backzeit**

➤ Den Ofen auf 180 Grad Umluft (200 Grad Ober-/Unterhitze) vorheizen. ➤ Das Mehl mit Milch und Eiern sowie Salz gründlich zu einem pfannkuchenartigen Teig verrühren. Zum Schluss das Öl untermischen und den Teig zu gleichen Teilen in 12 gut eingefettete Tassen oder eine Pfitzauf-Form geben. Bei 180 Grad etwa 45 Min. backen, bis die Pfitzauf schön aufgegangen sind und eine goldgelbe Farbe bekommen. ➤ Noch warm servieren.

**KÜCHENKINDER** rühren den Teig und fetten die Tassen ein.

# Kartoffelstampf mal drei

*Was ich nie verstanden habe: Kartoffelpüreeflocken. Egal wie eilig ich es habe, ein frisch gekochter Kartoffelstampf geht immer. Und um die Letzten der Fertigfraktion zu überzeugen, präsentiere ich hier gleich mal drei Varianten aus echten Kartoffeln.*

**Basisrezept:**
1 kg mehlig kochende Kartoffeln • Salz •
2 EL Butter • 150–250 ml Milch •
Pfeffer, frisch gemahlen • Muskatnuss,
frisch gerieben
**Variante 1:** Mit Erbsen und Minze
1 Handvoll Erbsen • 2 Zweige Minze
**Variante 2:** Mit Möhren
250 g Möhren • 1 TL Gemüsebrühe
**Variante 3:** Mit Roquefort
1 Handvoll Roquefortwürfel

**4–6 Portionen**
**30 Min.**

Kartoffeln schälen, vierteln und in reichlich Salzwasser kochen. Wasser abgießen, Milch und Butter zu den Kartoffeln in den noch heißen Topf geben und diese mit einem Stampfer gründlich zerkleinern. Mit Salz, Pfeffer sowie Muskat abschmecken und für einen feinere Struktur mit einem Schneebesen verrühren. Je mehr Milch man dazugibt, desto cremiger wird das Püree.

**VARIANTE 1** Die Möhren relativ fein würfeln und mit den Kartoffeln mitgaren. Zum Kochwasser die gekörnte Gemüsebrühe geben. Ansonsten wie oben.

**VARIANTE 2** Die Erbsen gegen Ende der Kochzeit dazugeben und kurz mitgaren. Die Minze fein wiegen und statt Muskat am Schluss zum Stampf geben. Ansonsten wie oben.

**VARIANTE 3** In den fertigen Kartoffelbrei 1 Handvoll Roquefortwürfel einarbeiten, bis diese geschmolzen sind.

# Forellen à l'Italia

*Forellen aus regionaler Erzeugung sind was Feines und eine gute Alternative zu nachhaltigem Seefisch. Diese Art der Zubereitung habe ich bei einem italienischen Koch in Augsburg gelernt. Es war das Beste, was ich in dieser Studentenkneipe neben der Uni je zu essen bekommen habe …*

🛍 **4 kleine Forellen** • **8 Scheiben Bio-Zitrone** • **1 Bund Petersilie** • **4 Knoblauchzehen** • **grobes Meersalz** • **Pfeffer, frisch gemahlen** • **4 Blätter Backpapier**

✘ **4 Portionen**
🕐 **10 Min. + 35 Min. Garzeit**

▶ Den Ofen auf 180 Grad Umluft (200 Grad Ober-/Unterhitze) vorheizen. ▶ Die ausgenommenen Forellen kurz abspülen und trocken tupfen. Je Fisch 2 Zitronenscheiben in die Bauchhöhle legen. ▶ Die Petersilie waschen, trocken schütteln und fein wiegen. Knoblauch abziehen und in feine Scheiben schneiden. Beides in die Bauchhöhle legen und mit grobem Meersalz sowie Pfeffer bestreuen. ▶ Die Fische einzeln fest mit Backpapier umwickeln, oben Zahnstocher zum Befestigen durchspießen. 35 Min. im Ofen garen und inklusive Backpapier auf die Teller legen.

# Grüner Spargel aus dem Ofen

*Ich liebe grünen Spargel, weil er nämlich nicht geschält werden muss, man schneidet einfach nur die grobe Stielenden ab. Und damit es wirklich super nachhaltig ist, kommt der Spargel einfach in den Ofen – da geht kein bisschen Geschmack im Kochwasser verloren.*

🛍 **500 g grüner Spargel** • **3–4 EL Olivenöl** • **reichlich grobes Meersalz** • **Pfeffer, frisch gemahlen** • **etwas Zitronensaft** • Optional: **2 Handvoll geriebener Pecorino-Käse**

✘ **4 Portionen**
🕐 **10 Min. + 10 Min. Garzeit**

▶ Den Ofen auf 200 Grad Umluft (220 Grad Ober-/Unterhitze) vorheizen. ▶ Den Spargel von den groben Stielenden befreien. Diese für die Spargelconsomée (Seite 32) aufheben. ▶ Spargel auf das Backblech legen, mit Olivenöl sowie Meersalz vermengen. Mit frisch gemahlenem Pfeffer sowie Zitronensaft garnieren und für 10 Min. im heißen Ofen rösten. Optional: mit 2 Handvoll Pecorino-Käse überbacken.

# Vollkornspaghetti mit Spinat-Gorgonzola-Sauce

*Ein großer, dampfender Topf Pasta, eine blitzschnelle Sauce, und die hungrigen Horden geben schnell Ruhe. Das hier ist also quasi Fast Food, allerdings ohne die ganzen negativen Begleiterscheinungen (Müllberg, Billigfleisch etc.) und dafür mit saisonalen und regionalen Zutaten.*

 **400 g Vollkornspaghetti**
**500 g frischer Babyspinat**
**1 kleine Schalotte**
**1 TL Olivenöl**
**1 Becher Sahne**
**1 Handvoll Gorgonzola**
**Muskatnuss, frisch gerieben**
**Salz**
**Pfeffer, frisch gemahlen**

**4–6 Portionen**
**15 Min.**

Die Vollkornspaghetti in einem großen Topf mit sprudelndem Salzwasser kochen. Babyspinat verlesen, waschen und abtropfen lassen. Die Schalotte abziehen und würfeln. In einer Pfanne etwas Olivenöl erhitzen und die Schalotte darin glasig dünsten. Nach und nach den Spinat zugeben, bis er zerfällt. Mit der Sahne ablöschen und noch mal kurz aufkochen lassen. Den Gorgonzola würfeln und nach und nach unter die Sauce rühren, sodass er gut schmelzen kann. Die Sauce mit Muskatnuss, Salz und Pfeffer abschmecken und sofort über die fertigen Nudeln geben. Fertig ist das Schnellgericht.

**KÜCHENKINDER** waschen Spinat und decken ganz fix den Tisch!

**TIPP** Ich mache immer 125 g (ungekochte) Nudeln pro Person, weil wir wirklich große Nudelesser sind. Eventuell reichen aber auch ⅔ einer Packung.

# Tante Gretes Maccharoniauflauf

*Meine Mutter hat einen Nudelauflauf im Repertoire, der besonders gut ins Frühjahr passt und außerdem eine gute Resteverwertung ist, wenn man mal wieder viel zu viele Nudeln gekocht hat. Wer Tante Grete ist, kann zwar niemand mehr genau sagen, aber ihr Auflauf ist der Hit.*

**300 g gemischtes Bio-Hackfleisch ·
Olivenöl · Salz · Pfeffer, frisch gemahlen ·
500 g frischer Blattspinat · 375 g Sahne ·
3 Eier · 125 g geriebener Emmentaler ·
400 g gekochte Maccharoni · Muskatnuss,
frisch gerieben**

**1 große runde Auflaufform**

**15 Min. + 45 Min. Backzeit**

Den Ofen auf 190 Grad Umluft (225 Grad Ober-/Unterhitze) vorheizen. Das Hackfleisch in etwas Öl krümelig anbraten, mit Salz und Pfeffer würzen. Den Spinat putzen und grob hacken. In etwas kochendem Salzwasser blanchieren, abtropfen lassen und ausdrücken. Sahne, Eier sowie Käse verquirlen, mit Salz, Pfeffer und Muskat würzen. In die gefettete Auflaufform abwechselnd Nudeln, Hackfleisch und zerpflückten Spinat schichten und mit der Käsesahne übergießen. Wer mag, kann noch in dünne Scheiben geschnittene Tomaten obenauflegen und dünn mit etwas Fett bestreichen. Im Backofen 45 Min. backen.

# Brennnesselgemüse

*Was erst mal wie eine Mutprobe aussieht, ist völlig ungefährlich: Nach dem Kochen brennen die Nesseln nämlich nicht mehr. Wie alles grüne Blattgemüse so voller guter Vitamine, dass man sich mutig die Gartenhandschuhe überstreifen und ein paar Handvoll frische Blättchen sammeln sollte.*

**700 g zarte Brennnesselblätter ·
2 EL Butter · 1 Zwiebel · 1 EL Mehl ·
500 ml Rinderbrühe · Muskatnuss,
frisch gerieben · 2 EL Sahne ·**

**4 Portionen**

**20 Min.**

Die Brennnesseln waschen, Blätter von den Stängeln zupfen und grob hacken. In einem Topf die Butter erhitzen. Die Zwiebel würfeln und zusammen mit dem Mehl in der Butter hellgelb rösten. Die Brühe zugießen und unter Rühren aufkochen. Dann die Brennnesselblätter dazugeben und 5 Min. gar ziehen lassen. Mit Muskat und Sahne abschmecken. Dazu passen wie zu Spinat Pellkartoffeln und Spiegelei.

**KÜCHENKINDER** streifen sich die Handschuhe über und gehen fleißig sammeln.

# SOMMER

# Bulgarischer Joghurt mit Ahornsirup und warmen Pfirsichen

*Wenn der Morgen schon nach hitzefrei riecht, dann ist ein leichtes Frühstück genau das Richtige. Weil wir Fertigjoghurts natürlich ablehnen (Zucker! Farbstoffe!) ist ein stichfester Joghurt mit Ahornsirup und fruchtig gegartem Pfirsich wie Ambrosia für unser gebeuteltes Gewissen.*

🛍 **800 g bulgarischer Joghurt •**
**4 Plattpfirsiche • 4 TL Ahornsirup •**
**4 Zweige Minze**

🍴 **4 Portionen**
🕐 **15 Min.**

➤ Den Joghurt mit einer Gabel aufrühren, in eine Schüssel geben und kurz ins Tiefkühlfach stellen. ➤ Die Pfirsiche waschen, halbieren, entkernen und mit den Schnittseiten nach unten in einer Pfanne ohne Fett kurz anrösten. ➤ Den Joghurt aus dem Tiefkühler nehmen, noch mal aufrühren, auf vier Schüsselchen aufteilen, je mit einem noch warmen Pfirsich belegen und mit Ahornsirup beträufeln. Mit Minze dekorieren und kalt genießen. Für den größeren Hunger mit einer Handvoll Nusscrisp (Seite 131) ergänzen.

# Overnight-Oats

*Für Tage, an denen wir früh los müssen, sind Overnight-Oats das ideale Frühstück, weil man morgens nicht mehr viel machen muss. Außerdem: sehr günstig, mit einfachen, naturbelassenen Zutaten und aufgrund seiner sehr weichen Konsistenz schon was für die Kleinsten. Lecker mit Früchten!*

🛍 **4 Handvoll grobe Haferflocken •**
**2 Handvoll feine Dinkelhaferflocken •**
**150 g Naturjoghurt • 200 ml Vollmilch**
**oder Reismilch • 1 EL Ahornsirup •**
**1 Apfel • 4 Handvoll frische Sommerbeeren**

🍴 **4 Portionen**
🕐 **5 Min. + Einweichzeit**

➤ Am Vorabend die Haferflocken mit Joghurt sowie Milch in eine Schüssel geben. ➤ Den Apfel ungeschält in die Haferlocken reiben, den Ahornsirup einrühren und die Mischung zugedeckt über Nacht im Kühlschrank ziehen lassen. ➤ Am nächsten Tag in vier Schälchen verteilen, eventuell etwas Milch nachgießen und mit Beeren der Wahl dekorieren.

TIPP für ganz Eilige: Die Overnight-Oats im Schraubglas ansetzen, morgens einpacken und im Büro verzehren.

# Kermit-Brot

*Kinder mögen Quatsch, weshalb »Kermit-Brot« mit Sicherheit der Renner auf dem Schulhof wird. Korrekte Naturen dürfen es natürlich als Avocado-Brot bezeichnen. Mein Sohn war allerdings schon mit knapp 15 Monaten überzeugt, dass Avocado ein Froschprodukt ist …*

🛍 **½ Avocado • 1 TL Zitronensaft • etwas Salz • 1 TL Olivenöl • 2 Scheiben Graubrot • 2 Erdbeeren • 1 Olive**

✗ **1 Pausenbrot**
🕐 **10 Min.**

➤ Die Avocado mit der Gabel zerdrücken, mit Zitronensaft sowie Salz und Olivenöl vermischen. Auf eine der Brotscheiben streichen. ➤ Die Erdbeeren waschen, in feine Scheiben schneiden, das Brot damit garnieren und mit der andere Scheibe zuklappen. ➤ Die Olive halbieren, entsteinen und als Augen in das Brot stecken.

# Mexikanisches Spiegelei Katerramba

*Ob Grillfete, Elternabend oder Fußball-WM: Wer nach einem ausschweifenden Event einen Brummschädel, Frühaufstehernachwuchs und ebenso unmotivierte Gemüsereste im Kühlschrank hat, wird Katerramba nicht zum letzten Mal zubereiten. Tipp: je fetter der Kater, desto schärfer.*

🛍 **4 Handvoll Gemüsereste, z. B. Paprika, Tomaten, Zucchini, Gurke, Pilze • 1 Knoblauchzehe • 1 EL Olivenöl • 1 Dose oder 6 frische Tomaten • 1 TL scharfes Paprikapulver • Saft von 1 Limette • 1 TL Kreuzkümmel • 4–8 Scheiben altes Brot • 1 Frühlingszwiebel • 4 Eier • Optional: 1 Chili**

✗ **4 Portionen**
🕐 **20–30 Min.**

➤ Die Gemüsereste putzen und fein würfeln. Knoblauch abziehen, sehr fein schneiden oder pressen. ➤ In einer Pfanne Olivenöl erhitzen und Knoblauch sowie Gemüse dazugeben. 5 Min. von allen Seiten anrösten, dann die Tomaten dazugeben (frische Tomaten gewürfelt), mit Paprikapulver, Limettensaft, Salz sowie Kreuzkümmel würzen und auf kleiner Flamme 15 Min. köcheln lassen. ➤ Währenddessen Brotreste als Beilage rösten. Die Frühlingszwiebel putzen und nach Geschmack eine Chili in feine Ringe schneiden. ➤ In einer separaten Pfanne Spiegeleier knusprig braten, das Eigelb darf aber noch ein wenig flüssig sein. ➤ Die Gemüsesauce mit Salz und Pfeffer abschmecken, auf vier Tellern anrichten, je ein Ei darübergeben, mit Frühlingszwiebeln und Chili garnieren und mit Röstbrot servieren.

# Klarapfel-Blaubeer-Tarte tatin

*Kläräpfel sind die ersten deutschen Äpfel im Sommer und ein klassischer Kuchenapfel, weil sehr sauer. Und obwohl wir Beeren natürlich am liebsten frisch und direkt vom Strauch naschen, gibt es in der Saison derart günstige Blaubeeren, dass man um diesen Kuchen nicht herumkommt.*

🔴 **5 Kläräpfel • 2 Handvoll Blaubeeren •
3 EL Butter • 100 g brauner Zucker •
1 Rolle Fertigblätterteig**

🔴 **1 Pieform**
🔴 **15 Min. + 30 Min. Backzeit**

🔴 Den Ofen auf 200 Grad Umluft (220 Grad Ober-/Unterhitze) vorheizen, die Pieform dabei im Ofen heiß werden lassen. 🔴 Währenddessen die Äpfel entkernen, schälen und in feine Scheiben schneiden. Blaubeeren waschen. 🔴 Dann in der heißen Form im Ofen die Butter schmelzen, den Zucker zugeben und darin karamellisieren lassen, bis er leicht schäumt. Die heiße Form vorsichtig aus dem Ofen nehmen und die Apfelscheiben dicht an dicht in den Karamell legen, Lücken mit Blaubeeren auffüllen. Wieder in den heißen Ofen geben und 15 Min. backen, bis die Äpfel golden sind. 🔴 Den Blätterteig vorbereiten und einen Kreis in Pieform-Größe ausschneiden, Teigreste zu Streifen schneiden. Die heiße Form aus dem Ofen nehmen, das Obst mit dem Blätterteig belegen und die Streifen als Rand einarbeiten und gut festdrücken. 🔴 Anschließend die Tarte tatin noch mal 10–15 Min. im Ofen backen, bis der Blätterteig goldgelb aufgegangen ist. 🔴 Etwas abkühlen lassen, aber noch warm aus der Form stürzen. Das klappt am besten, wenn man einen Teller als Deckel auflegt und das Ganze mit einer leichten Drehbewegung umdreht. Ist die Form zu sehr abgekühlt, klebt der Karamell am Boden fest. Daher eine zu kalte Form im Ofen kurz erwärmen. Die Tarte tatin schmeckt am besten heiß und mit Vanilleeis.

BONNE CHANCE beim Umdrehen!

# Brombeer-Crumble vom Blech

*Wilde Brombeeren wachsen fast überall – im Wald, am Feldrand, an Brachgrundstücken und Eisenbahnlinien entlang. Diese Pracht an kostenlosen Früchten lasse ich mir nicht entgehen! Weil die wilden Brombeeren ziemlich säuerlich sind, schmecken sie am besten auf diesem Kuchen.*

**250 g Magerquark • 8 EL Milch • 8 EL neutrales Öl • 120 g Zucker • 1 TL Salz • 500 g Mehl • 1 Päckchen Backpulver • ¾–1 kg Brombeeren**
**Für die Streusel: 125 g zimmerwarme Butter • 100 g Zucker • 100 g Haferflocken • 100 g Kokosflocken**

**1 Kuchenblech**
**20 Min. + 40 Min. Backzeit**

Den Ofen auf 180 Grad (200 Grad Ober-/Unterhitze) vorheizen. Quark mit der Milch, dem Öl, Zucker und Salz glatt rühren. Das Mehl mit dem Backpulver vermischen, zur Quarkmasse geben und kräftig verkneten. Teig auf einem eingefetteten Blech ausrollen. Brombeeren auf den Teig legen. Für die Streusel Butter, Zucker, Haferflocken und Kokosflocken mit den Fingern zu Streuseln zerkrümeln. Die fertigen Streusel auf den Kuchen geben und 40 Min. backen. Dazu passt Schlagsahne.

KÜCHENKINDER sammeln Beeren, kneten Teig, stellen die Streusel her (macht Spaß!).

# Clafoutis mit frischen Kirschen

*Très chique, très französisch, très lecker. Clafoutis ist klassisch gut zum Kirschenessen – in der Saison also hopp auf den Markt, zum Nachbarn oder in den Supermarkt und deutsche Kirschen kaufen oder pflücken. Allein für dieses Rezept lohnt es sich, einen Kirschentsteiner zu kaufen!*

**300 g Kirschen • 100 g Marzipan • 200 ml Milch • 40 g Weizenmehl • 40 g Weizenvollkornmehl • 1 Prise Zimt • 3 Eier • etwas Butter**

**4 Portionen**
**20 Min. + 30 Min. Backzeit**

Den Ofen auf 200 Grad Umluft (220 Grad Ober-/Unterhitze) vorheizen. Die Kirschen waschen und entsteinen. Die restlichen Zutaten in den Mixer der Küchenmaschine geben und so lange zerkleinern, bis ein glatter Teig entsteht. Wer keinen Mixer hat, raspelt das Marzipan auf einer feinen Reibe in die Milch, gibt dann den Rest der Zutaten dazu und verrührt alles gründlich mit einem Schneebesen. Eine Auflaufform einfetten, die Kirschen hineingeben, mit dem Teig übergießen und 30 Min. im Ofen backen, bis der Clafoutis goldbraun ist. Vor dem Servieren mit Puderzucker überstreuen.

KÜCHENKINDER entsteinen Kirschen, rühren Teig.

# Zitronenpolenta mit Himbeeren

*Polenta gehört zu den Gerichten, die ich immer wieder ausprobiere, um dann festzustellen: geht gar nicht! Blöd nur, dass dann eine fast volle Packung Maisgrieß in meinem Schrank rumsteht und vor sich hin altert. Also habe ich mich mal an einer süßen Frühstücksversion versucht. Und siehe da: Polenta geht doch!*

🛒 **100 ml Wasser • 300 ml Milch • etwas Salz • 75 g Polenta • Saft und abgeriebene Schale von ½-1 Bio-Zitrone • 2 EL Ahornsirup • 2 Handvoll frische Himbeeren**

🍴 **2–4 Portionen**
⏱ **30 Min.**

➤ Wasser, Milch und Salz zusammen aufkochen. Nach und nach die Polenta einrühren und unter Rühren 15–20 Min. köcheln lassen. ➤ Die Zitronenschalen abreiben, die Zitrone auspressen und Saft und etwas Abrieb unter die fertige Polenta rühren. ➤ Mit Ahornsirup süßen und mit frischen Himbeeren dekorieren. In Herbst oder Winter passen Trockenfrüchten dazu.


# Fruchtige Erdbeer-Schmand-Küchlein

*Sommer, Sonne, Erdbeerglück. Manchmal wird man derart reichlich mit Erdbeeren beschenkt, dass man nach weiteren Verwertungsmöglichkeiten neben der beliebten Marmelade sucht. Et voilà: Diese Küchlein sind einfach der Hit. Passend für jede Mittsommerparty, Grillfete oder das Freibadpicknick.*

🛒 **3 Handvoll frische Erdbeeren • 1 Zweig Minze • 250 g Mehl • 1 TL Backpulver • ½ TL Salz • 100 g Zucker • 150 g Schmand • 3 EL Öl • 1 Ei**

🍴 **10 Küchlein**
⏱ **25 Min. + 20 Min. Backzeit**

➤ Den Ofen auf 180 Grad Umluft (200 Grad Ober-/Unterhitze) vorheizen. ➤ Die Erdbeeren putzen, vierteln und in Scheibchen schneiden. Die Minze fein hacken und mit den Erdbeeren vermischen. ➤ Mehl mit Backpulver und Salz vermischen. Zucker, Schmand, Öl und das Ei mit dem Schneebesen kräftig verrühren, dann zur Mehlmischung geben. Alles zu einem glatten Teig verkneten. ➤ Den Teig 1 cm dick ausrollen, die Erdbeeren locker auf einer Hälfte des Teigs verteilen, dabei etwas Platz zum Rand lassen. Dann die andere Teighälfte drüberklappen, so dass die Erdbeeren bedeckt sind. ➤ Mit einem Glas oder rundem Keksausstecher sparsam Küchlein ausstechen und diese 20 Min. backen, bis die Küchlein goldgelb sind. Teigreste in eine Muffinform geben und mitbacken.

**KÜCHENKINDER** pflücken Erdbeeren, waschen und schneiden sie und kneten den Teig.

# Ingwer- und Minzsirup

*Nichts geht über eine kühle, erfrischende Limonade an einem heißen Sommertag. Wenn diese dann auch noch mit selbst gemachtem Sirup hergestellt ist, ist die Freude perfekt. Erwachsene erfreuen sich an prickeligen Getränken wie Peppermint Julep.*

**Für den Ingwersirup:**
1 große Ingwerknolle
750 g Zucker
**Für den Minzsirup:**
750 g Zucker
5 Handvoll frische Minzeblätter aus dem Garten
100 ml Zitronensaft

1 l Sirup
1 ½ Stunden + 12 Stunden Ziehzeit

Die Ingwerknolle schälen, abspülen und auf einer Reibe fein in einen Kochtopf reiben. 1 ½ l Wasser und Zucker zugeben und mindestens 45 Min. zugedeckt köcheln lassen. Etwas abkühlen lassen und durch ein feinmaschiges Sieb in ein Schraubglas abschütten. Den Sirup im Verhältnis 1 : 3 entweder mit eiskaltem Sprudelwasser (Sommer) oder kochendem Wasser (Herbst/Winter) angießen und genießen. Haltbarkeit: Wenn noch heiß eingefüllt, circa 4 Monate. Für den Minzsirup 1 ½ l Wasser und Zucker aufkochen lassen, bis der Zucker aufgelöst ist und die Flüssigkeit eine siruapartige Konsistenz bekommt. Die Minze waschen und mit dem Zitronensaft in eine große Schüssel geben. Mit der heißen Zuckerlösung übergießen, sofort zudecken und an einem kühlen Ort über Nacht ziehen lassen. Abseihen und in die Flaschen abfüllen. Haltbarkeit: 3–4 Wochen.

## Labels aus wilden SOMMERBLÜMCHEN

Damit die Freude noch größer wird, verschenken wir gleich ein paar Flaschen Sirup, versehen mit tollen Labels aus wilden Sommerblümchen. Zum Verzieren unserer Labels eignen sich Wilde Kamille, Klatschmohn, Wicken, Wiesenkerbel oder Kleiner Storchenschnabel.

**Wir brauchen:**
- 1 Handvoll bunter Sommerblümchen
- mehrere Bögen Papier
- 2 Bögen Recyclingpapier in beige oder grau
- Kleber
- 1 schwarzer Fineliner

Blüten sammeln und pressen ist ein Kinderspiel, man benötigt keine Blumenpresse – die Bibel oder ein anderes dickes Buch tun es auch. Die Blumen zwischen 2 Stück Papier mindestens 2 Wochen pressen. Aus Recyclingpapier Kreise mit passendem Durchmesser ausschneiden. Je eine gepresste Blüte mittig aufkleben und mit dem Fineliner den jeweiligen Sirupnamen draufschreiben. Mit Spezialkleber auf die Flaschen kleben oder lochen, mit einer hübschen Korderl versehen und um den Flaschenhals hängen.

# MARMELADEN-Sonntag

Was sich heute in Lifestyle-Zeitschriften als locker-flockige Freizeitbe-schäftigung präsentiert, war früher harte Arbeit: Einkochen. Schließlich konnten noch meine Großeltern im Winter nicht auf Fernfrüchte zurück-greifen, sondern haben alles, was der kleine Schrebergarten zwischen den Bahngleisen hergab, eingekocht. Ihr Keller war ein richtiges Waren-lager mit den köstlichsten Kompotts und Marmeladen. Meine Oma war im Sommer aber auch stundenlang auf den Beinen, um die von meinem Großvater geernteten Früchte zu putzen, zu entkernen, die Gläser vorzu-bereiten, den Entsafter anzuwerfen und und und. Sie hatte immer raue Hände von der vielen Fruchtsäure und bestimmt das eine oder andere Mal schwere Füße, hat es aber immer gerne und mit Liebe gemacht. Das Marmeladekochen ist in der Familie geblieben, den Entsafter hat mittler-weile meine Mutter und der Drang, mit dem Einkochen loszulegen so-bald die ersten Beeren und das erste Steinobst auf dem Markt sind, hat sich auch schon auf mich übertragen. Marmelade kochen mit Kindern verlangt besonders viel Sorgfalt, während Obst schnippeln eine tolle Ar-beit für alle ist, ist die heiße zuckrige Flüssigkeit nur was für Große.

# Stückige Erdbeermarmelade

*Klassikerrezept meiner Mutter, das ich liebe, weil es fast wie ein Erdbeerkompott ist. Ein toller Begleiter zu Scones mit Vanilleeis. Diese Marmelade ist so fruchtig, dass man im Winter nicht genug davon bekommen kann! Experimentierfreudige geben frisches Basilikum dazu ...*

**1,5 kg Erdbeeren vom Selber-pflück-Feld ·
500 g Gelierzucker 3:1 · 2 EL Zitronensaft ·
Optional: 1 Handvoll fein gehackte Basilikumblätter**

**4 Gläser**
**30 Min. + 12 Stunden Ruhezeit**

Die Erdbeeren waschen, putzen und in ganz feine Scheibchen schneiden. Erdbeeren in einem großen Topf mit dem Zucker und Zitronensaft vermengen und über Nacht stehen lassen. Am nächsten Tag Marmelade aufkochen, 4 Min. kochen lassen, Gelierprobe machen und dann noch heiß in die Gläser füllen. Wer mag, gibt kurz vorher noch die Basilikumblättchen dazu.

# Aprikosenmarmelade mit Lavendel

*Mir blutet das Herz, wenn preisreduzierte Aprikosen dem Verfall entgegenreifen und greife darum entschieden zu. Marmelade kann man immer kochen. Damit es nicht langweilig wird, nehmen wir einfach ein paar Lavendelblüten vom Balkon oder der Rabatte vorm Rathaus mit dazu.*

**2 kg Aprikosen · 1 Handvoll Lavendelblüten ·
2 EL Zitronensaft · 1 kg Gelierzucker 2:1**

**3–4 Gläser**
**20 Min. + 1 Stunde Ziehzeit**

Die Aprikosen waschen, vierteln und in feine Scheiben schneiden. Die Lavendelblüten kurz abspülen und von den Rispen streifen. Aprikosen mit Zitronensaft und Gelierzucker in einen Topf geben und 1 Stunde ziehen lassen. Anschließend die Marmelade aufkochen lassen. Sprudelnd 4 Min. kochen, Lavendelblüten hinzufügen, Gelierprobe machen und noch heiß in die Gläser füllen.

# Selbst gemachter Ketchup

*Abgesehen davon, dass Ketchup selbst gemacht a) viel besser schmeckt und b) die schönen reifen Sommertomaten verwertet, kann man außerdem deutlich weniger Zucker verwenden als die Industrieprodukte. Damit die Konsistenz trotzdem stimmt, kommt noch Tomatenmark rein.*

**1 kg Roma-Tomaten • 1 Handvoll Brombeeren • 3 Knoblauchzehen • 1 Tube Tomatenmark • 5 Pimentkörner • 1 Zimtstange • 1 TL Currypulver • 50 ml Balsamicoessig • 100 g Rohrrohrzucker**

**500 ml**

**2 Stunden**

➤ Wer keine Romatomaten verwendet, sollte die anderen Sorten entkernen, weil sonst der Ketchup zu flüssig wird. Die Kerne kann man in einer Suppe oder einem Mixgetränk verwerten. ➤ Die Romatomaten waschen und vierteln. Brombeeren waschen, Knoblauch abziehen. ➤ Tomaten, Brombeeren und Knoblauch 45 Min. auf mittlerer Flamme köcheln. Anschließend pürieren und das Püree mit Tomatenmark, den Gewürzen, dem Essig sowie dem Zucker aufkochen. ➤ So lange einkochen lassen, bis es eine cremige Konsistenz erreicht hat. Dabei immer wieder umrühren, weil die Masse sehr schnell anbrennen kann. ➤ Den Ketchup vor dem Einfüllen zweimal durch ein Sieb streichen, um eine besonders leckere Konsistenz zu bekommen. Noch heiß in sterilisierte Flaschen abfüllen.

**KÜCHENKINDER** schneiden Tomaten, stellen Gewürze bereit und basteln Ketchup-Labels.

**VARIANTE** Für Aprikosen-Ketchup 500 g Tomaten durch 500 g Aprikosen ersetzen. Diese entsteinen und mit den Tomaten zusammen aufkochen. Weiter verfahren wie oben.

## Gläser sterilisieren – eine ANLEITUNG

Einkochneulige müssen nicht die neuesten, schickste Marmeladengläser kaufen. Upcycling ist hier eine gute Möglichkeit, das heißt, alte Oliven-, Pesto- oder Gurkengläser können ohne Probleme wiederverwertet werden. Gläser einmal heiß mit Spülmittel waschen, vor allem, wenn es Gläser aus zweiter Hand sind. Eine Runde in der Spülmaschine geht auch. Den Ofen auf 130 Grad Umluft (150 Grad Ober-/Unterhitze) vorheizen. Die Gläser auf das Backblech stellen, mit etwas kochendem Wasser befüllen und im Ofen 15 Min. heiß sterilisieren.

Die Deckel in einen Topf mit kochendem Wasser geben und 5 Min. auskochen, dann in ein Sieb abgießen. Gläser sowie Deckel auf einem sauberen Küchenhandtuch bereitstellen. Nach dem Befüllen immer den Rand abwischen, bevor der Deckel draufkommt.

# Schnelle Einlegegurken

*Ein Rezept meiner Schwiegermutter: Wer eine Gurke schon mal zu lange hat liegen lassen, weiß, wie bitter sie nach einer Weile sein kann. Mit diesem Rezept vermeidet man nicht nur das, sondern hat auch eine frisch-sommerliche Alternative zu Gewürzgurken auf dem Brotzeittisch.*

🛍 **1 kg Schlangengurken • 120 ml Essig • 500 ml Wasser • 3 EL Zucker • 2 Zweige Dill • 2 Zweige Bohnenkraut • Je Glas: 1 TL Salz • 1 TL Senfkörner • 1 Lorbeerblatt • 1 Pimentkorn • 1 TL Senfsaat • 1 Knoblauchzehe • ½ Peperoni**

🍴 **2–3 Gläser**
🕐 **20 Min.**

▶ Die Gurke waschen, vierteln und entkernen. In gleich große Stücke schneiden und je locker in ein Glas schichten, sodass noch Platz für den Sud und die Gewürze ist. ▶ Den Essig mit Wasser und Zucker aufkochen. Dill sowie Bohnenkraut grob hacken und mit den Gewürzen auf die Gläser verteilen. Den heißen Sud angießen und die Gläser verschließen. ▶ Vier Tage ziehen lassen. Hält sich mehrere Wochen im Kühlschrank.

KÜCHENKINDER schnippeln Gurken und verteilen Gewürze und Kräuter auf die Gläser.

# Johannisbeeressig

*Feiner Fruchtessig muss nicht teuer sein. Mit ein paar Handvoll roter Johannisbeeren aus dem Park oder Resten einer großen Schale Beeren kann man ein feine, hausgemachte Variante herstellen, die man im Herbstkapitel für eine Fruchtessigreduktion (Seite 115) verwenden kann.*

🛍 **1–2 Handvoll Johannisbeeren • 200 ml Essigessenz • 700 ml Apfelsaft • 2–3 EL Rohrohrzucker**

🍴 **1 Flasche Essig**
🕐 **10 Min. + 2–3 Wochen Ziehzeit**

▶ Die Johannisbeeren mit einer Gabel von den Rispen abstreifen und waschen. ▶ Die Beeren in eine Flasche oder ein großes Schraubglas geben, Essigessenz, Apfelsaft und Rohrohrzucker zugeben und zwei bis drei Wochen ziehen lassen. Dann durch ein Sieb in eine saubere Flasche abgießen. Wer mag, kann noch einen Zweig Rosmarin zugeben.

# Kaltes Stachelbeer-Gurken-Süppchen

*Kalte Suppen lassen sie sich am Vorabend vorbereiten, kühlen über Nacht gut runter und erfri-schen am nächsten Tag erhitzte Gemüter. Dieses Rezept ist very british und verwendet grüne Stachelbeeren, mit denen viele ja sonst nichts anzufangen wissen. Enjoy!*

**3 Salatgurken • 5 mehlig kochende Kartoffeln • 1 kleine Gemüsezwiebel • 2 EL Butter • 100 g grüne Stachelbeeren • 700 ml Hühnerfond • 250 ml Schmand • Pfeffer, frisch gemahlen • 1 Handvoll Brunnenkresse**

**4 Portionen**
**45 Min. + 2 Stunden Kühlzeit**

Die Salatgurken grob schälen, entkernen und würfeln. Die Kartoffeln schälen und ebenfalls würfeln. Die Zwiebel abziehen, fein hacken und in der Butter im Suppentopf goldgelb andünsten. Gurken, Kartoffeln sowie geputzte Stachelbeeren dazugeben. Hühnerfond angie-ßen und 45 Min. köcheln lassen. Die Suppe portionsweise pürieren, Schmand unterrüh-ren und mit Salz sowie Pfeffer abschmecken. 2 Stunden im Kühlschrank runterkühlen und mit ein paar Blättchen Brunnenkresse servieren. Dazu passen Crostini.

# Erdbeercarpaccio

*Späte 90er-Jahre, Vieste, Apulien. Eine kleine Strandbar, tollstes Wetter, wir schwitzten leise vor uns hin und der Chefkoch brachte: Erdbeercarpaccio. Total crazy, dachten wir, Erdbeeren mit Bal-samico und Basilikum. War aber auch crazy lecker und erfrischend dazu!*

**500 g Erdbeeren • 2–3 EL Balsamico-essig • 1 EL Olivenöl • etwas grobes Meersalz • 1 Handvoll Basilikumblätter • Zitronenpfeffer**

**4 Portionen**
**10 Min.**

Die Erdbeeren waschen, putzen, in feine Scheiben schneiden und auf einem großen Teller anrichten. Den Essig mit Öl gut vermengen und über die Erdbeerscheiben träufeln. Das Meersalz drüberstreuen, mit gezupften Basilikumblättern garnieren und etwas Zitronen-pfeffer drübermahlen.

# Blattsalat mit Sommerbeeren und Feta

*Wo wir schon gerade bei Erdbeeren und herzhaft sind: mit einer Handvoll übrig gebliebener Beerchen peppe ich mir diesen Sommersalat auf. Das Süßlich-Fruchtige passt wunderbar zum herben Blattsalat. Damit das Gericht auch satt macht, kommt großzügig Schafsfeta dazu.*

**1 Kopf Blattsalat • 2 Handvoll Sommerbeeren • 1 Frühlingszwiebel • 200 g Schafsfeta • Olivenöl • Saft von 1 Zitrone • Salz • Pfeffer, frisch gemahlen • 1 Handvoll Zitronenmelisse**

**2–4 Portionen**
**20 Min.**

Salat waschen, trocken schleudern, in mundgerechte Stücke zupfen. Die Erdbeeren vierteln. Die Frühlingszwiebel in Ringe schneiden, den Schafsfeta zerbröckeln. Alles locker unter den Blattsalat mischen. Aus Olivenöl, Zitronensaft, Salz, Pfeffer und fein gehackter Melisse eine Salatsauce herstellen. Über den Salat geben, aber erst kurz vor Verzehr unterrühren.

# Blühender Couscoussalat

*Couscous ist nicht nur toll, weil man ihn ratz-fatz gegart hat, sondern auch, weil Reste für vielerlei Gerichte verwertbar sind. Im Sommer ist das dieser leicht an ein Tabouleh angelehnte Salat. Damit es auch hübsch aussieht, dürfen frische Blüten mit rein. Ideal für die Grillparty.*

**1 Handvoll frische Petersilie • 1 Zweig Zitronenmelisse • 1 Frühlingszwiebel • 1 Handvoll Rosinen • 2 Handvoll gekochter Couscous • 2 EL Olivenöl • 1 EL Zitronensaft grobes Meersalz • 1 Handvoll Kapuzinerkresseblüten**

**2 Portionen**
**30 Min.**

Die Petersilie, Zitronenmelisse sowie Frühlingszwiebel fein wiegen und mit den Rosinen zum Couscous geben. Aus Olivenöl, Zitronensaft sowie grobem Meersalz eine Marinade herstellen, unterrühren und kurz ziehen lassen. Mit den Kapuzinerkresseblüten dekorieren.

# Baba Ganoush

*Wenn am Vorabend das Grillfeuer noch glüht, kann man biertrinkenderweise gleich für das Früh-stück oder die Pause des nächsten Tages Vorarbeit leisten. Auberginen für ein echtes Baba Ganoush müssen nämlich über offenem Feuer geröstet werden, damit sie ein gutes Aroma bekommen.*

🛒 **2 große Auberginen • 3 EL Tahina • Saft von 1 Zitrone • 2 EL Olivenöl • 3 EL Minzeblättchen • Salz • Pfeffer, frisch gemahlen**

🍴 **6 Portionen**
🕐 **1 Stunde**

🔴 Die Auberginen waschen, abtrocknen und über dem Grill von allen Seiten ordentlich schwärzen, bis sie einfallen. 🔴 Abkühlen lassen, aufschlitzen und das Fruchtfleisch mit einem Löffel herauskratzen. Das Fruchtfleisch pürieren, Tahina, Zitronensaft und das Oli-venöl dazugeben. 🔴 Minzeblättchen waschen, grob zerhacken und unterrühren. Das Baba Ganoush mit Salz und Pfeffer abschmecken und am nächsten Tag als Pausensnack mit Pita-brotecken genießen.

# Fattoush – Brotsalat orientalisch > Resteverwertung

*Brotsalat ist eine klassische Resteverwertung für Weiß- sowie Fladenbrot. Mir gefällt diese Ver-sion besonders, weil zum einen jede Menge Sommergemüse reinkommt, zum anderen das Brot zu knusprigen Chips verarbeitet wird, was wunderbar zum knackigen Salat und den vielen Kräutern passt.*

🛒 **4 Handvoll Brotreste • 3 EL Olivenöl • 1 Salatgurke • 2–3 Tomaten • 1 rote Zwiebel • 1 Bund Petersilie • 1 Bund Minze • 1 TL Sumach • 2 EL Olivenöl • 3 EL Zitronensaft • 1–2 TL grobes Meersalz • Optional: 100 g Feta**

🍴 **4 Portionen**
🕐 **20 Min. + 15 Min. Backzeit**

🔴 Das Brot in mundgerechte Stücke schneiden, mit 1 EL Öl vermengen und im Ofen bei circa 180 Grad Umluft 15 Min. rösten. Abkühlen lassen. 🔴 Die Gurke und die Tomaten würfeln. Die rote Zwiebel abziehen und in feine Ringe schneiden. Die Kräuter waschen, zupfen und hacken. Alles mit dem Brot vermengen. 🔴 Aus Sumach, Olivenöl sowie Zitronensaft eine Marinade herstellen, mit Meersalz abschmecken und zum Brotsalat geben. 🔴 Wer mag, gibt noch eine halbe Packung Feta, klein gekrümelt, dazu.

**TIPP** Schmeckt auch mit Zucchini statt Gurke gut.

# LEFTOVER-SATURDAY

## Leftover-Antipasti aus übrig gebliebenem Gemüse

**Resteverwertung**

*Was haben eine einsame Möhre, ein letzter Rest Brokkoli, eine ziellose Zucchini und eine Handvoll Pilze gemeinsam? Ihr Schicksal könnte sie zum Mülleimer führen. Lieber Müll, sorry, aber Antipasti schmecken uns viel zu gut. Dafür genießen wir und das Grünzeug à la dolce Vita.*

🛍 **3–4 Handvoll Gemüse • 5 EL Olivenöl • 3 Knoblauchzehen • 5 EL Limettensaft • 4 Zweige Minze • 1 Handvoll Basilikum • Salz**

✗ **2–4 Portionen**
🕐 **30 Min. + 12 Stunden Marinierzeit**

➤ Den Grill im Ofen auf Stufe 2 vorheizen, bis die Grillstäbe glühen. ➤ Das Gemüse putzen, in mundgerechte Stücke schneiden, mit dem Olivenöl vermengen und auf dem Backblech verteilen. Das Gemüse circa 5 Min. rösten, dann das Blech herausnehmen und das Gemüse wenden. Weitere 5 Min. rösten. Den Grill ausschalten und das Gemüse im noch heißen Ofen 10 Min. nachgaren lassen. ➤ In der Zwischenzeit Knoblauchzehen abziehen, in den Limettensaft pressen und verrühren. Minze sowie Basilikum fein hacken und dazugeben. Salzen. ➤ Geröstetes Gemüse in eine Servierschüssel legen, mit der Marinade übergießen und zugedeckt über Nacht im Kühlschrank ziehen lassen. ➤ Am nächsten Tag mit ein paar Scheiben Ciabatta und einem guten Wein genießen.

*TIPP* Dieses Gemüse macht sich auch gut als Belag einer Veggie-Pizza!

# Pasta mit frischem Knoblauch und Kirschtomaten

*Wenn es ein Gericht gibt, auf das sich bei uns alle Familienmitglieder einigen können, dann sind das Nudeln. Im Sommer sind sie der Hit mit frischem Knoblauch vom Markt und sonnig-süßen Kirschtomaten. Dann schreit keiner nach der roten Sauce aus dem Glas.*

🛒 **400 g Spaghetti • 3 EL Olivenöl •
1 EL Butter • 4–5 Knoblauchzehen •
500 g Kirschtomaten • 1 Handvoll
Oreganoblättchen • grobes Meersalz**

🍴 **4 Portionen**
🕐 **20 Min.**

➤ Die Spaghetti gar kochen und abgießen. Im noch heißen Topf das Öl sowie die Butter schmelzen. ➤ Knoblauch abziehen, fein hacken und im Öl anschwitzen. Die Kirschtomaten waschen und im Ganzen dazugeben und kurz anbraten, bis sie aufplatzen. ➤ Die Tomaten mit Oreganoblättchen und Meersalz würzen und sofort zu den Spaghetti geben.

**KÜCHENKINDER**  waschen Tomaten, zupfen Oregano.

# Maccharoni Siciliana  **Resteverwertung**

*Eines unserer Samstagsgerichte, wenn der Kühlschrank noch mit Wurst- und Schinkenresten aufwartet, die weg müssen. Der Einsatz von reichlich frischem Basilikum und Petersilie sowie frisch gemahlenem Pfeffer für die Großen macht daraus ein echt italienisches Nudelvergnügen.*

🛒 **1 kg reife Tomaten • 1 rote Zwiebel •
Olivenöl • 1–2 Handvoll Salami- und
Schinkenreste • 1 Bund Petersilie •
1 Bund Basilikum • 400 g Maccharoni •
Butter • reichlich Pfeffer, frisch gemahlen •
geriebener Parmesan**

🍴 **4 Portionen**
🕐 **15 Min. + 45 Min. Garzeit**

➤ Die Tomaten mit kochendem Wasser überbrühen, häuten und vierteln, den Saft dabei auffangen. ➤ Die Zwiebel abziehen, fein hacken und in etwas Olivenöl andünsten. Die Wurstreste dazugeben und kurz mit anbraten. Dann die Tomaten dazugeben und alles auf kleiner Flamme 45 Min. köcheln lassen. ➤ In der Zwischenzeit die Kräuter waschen, trocken schleudern und grob hacken. Die Maccharoni kochen. ➤ Fertige Maccharoni mit etwas Olivenöl, Butter und viel frischem Pfeffer vermischen. Zum Servieren je etwas Sauce auf die Maccharoni geben, dann reichlich Kräuter und zum Abschluss etwas geriebenen Parmesan. Eventuell einen Teil der Maccharoni ohne Pfeffer lassen, für die Kinder.

**KÜCHENKINDER**  waschen Kräuter, reiben Käse, kochen Nudeln.

# Dinkelpizza mit hausgemachtem Sugo

*Pizza, Pizza, Pizza – könnte mein Großer jeden Tag essen. Gerne, solange er beim Teigkneten mithilft. Praktisch: auf eine selbst gemachte Pizza kann alles, was der Kühlschrank noch hergibt. Dank Dinkelmehl macht diese Pizza außerdem richtig lange satt!*

**400 g Dinkelmehl**
**1 TL Salz**
**1 Würfel frische Hefe**
**200 ml lauwarmes Wasser**
**3–4 EL Olivenöl**
**8 reife Tomaten**
**3 Knoblauchzehen**
**2 EL Tomatenmark**
**2 EL Olivenöl**
**1 Handvoll Oreganoblättchen**
**Pfeffer, frisch gemahlen**

**1 Blech**
**40 Min. + 1 ½ Stunden Gehzeit**

Das Mehl mit dem Salz vermischen, in eine Schüssel geben und in die Mitte eine Mulde machen. Die Hefe im lauwarmen Wasser auflösen, Olivenöl unterrühren und alles in die Mulde geben. Etwas Mehl drüberstäuben und kurz gehen lassen, bis die Hefe loslegt. ➤ Dann einen glatten Teig kneten und diesen 1 Stunde gehen lassen. ➤ In der Zwischenzeit den Sugo herstellen. Dazu die Tomaten heiß überbrühen, häuten und achteln. Knoblauch abziehen. Tomatenachtel zusammen mit Tomatenmark, Öl, Knoblauchzehen, Oregano sowie Salz und Pfeffer aufkochen. Zugedeckt köcheln lassen, bis die Tomaten zerkocht sind, dabei gelegentlich umrühren. ➤ Den Backofen auf 220 Grad Ober-/Unterhitze vorheizen. Unbedingt mit Ober-/Unterhitze backen – wird knuspriger. ➤ Den aufgegangenen Teig durchkneten, auf einem bemehlten Blech ausrollen und noch mal 20 Min. gehen lassen. ➤ Anschließend den Teig komplett mit dem Sugo bestreichen, mit Gemüse, Wurst, Thunfisch, Peperoni, Zwiebeln und Käse nach Geschmack belegen (gut, um Käsereste zu verwerten!). Die Dinkelpizza ungefähr 20 Min. backen.

## Burger vom Grill

 Schnell & einfach

*Den Besuch beim örtlichen Spielzeugrestaurant (so nennt mein Sohn die Fast-Food-Läden – wegen des Plastikkrempels im Kindermenü) kann man sich von nun an sparen. Weil wir nur bestes Fleisch und frische Zutaten verwenden, ist es viel leckerer, gesünder und besser für alle.*

**Für die Pattys:**
400 g gemischtes Bio-Hackfleisch
1 Zwiebel
Salz
Pfeffer, frisch gemahlen
etwas Sojasauce
**Für das Topping:**
6 Blätter Salat
1 Tomate
1 kleine Zwiebel
2 Gewürzgurken
Ketchup (Seite 62) (selbst gemacht!)
Mayonnaise
**Und:**
6 frische Semmeln

6 Burger
30 Min.

*Alle werden BURGER-MEISTER*

Den Grill oder eine Grillpfanne vorheizen. Das Rinderhack aus dem Kühlschrank nehmen und mit der Gabel zerkrümeln. Zwiebel abziehen, sehr fein hacken, zum Fleisch geben und dieses mit Salz, Pfeffer sowie einem Schuss Sojasauce würzen und zu relativ flachen Hamburgern formen. Die Pattys auf dem Grill von beiden Seiten knusprig anbraten. Salatblätter waschen und trocken schleudern. Die Tomate in feine Scheiben schneiden, die Zwiebel abziehen und in hauchdünne Ringe schneiden. Gewürzgurken in feine Scheiben schneiden und Ketchup sowie Mayo zum Garnieren bereit stellen. Die frischen Semmeln aufschneiden und die Schnittflächen kurz auf dem Grill anrösten. Eine Semmelhälfte mit Mayonnaise bestreichen, dann mit einem Fleischpatty, einem Salatblatt, ein paar Tomatenscheiben und Zwiebelringen sowie Gewürzgurke belegen, zum Schluss Ketchup draufgeben und mit der anderen Semmelhälfte zudecken. Kinder können sich hier ihre Burger selber zusammenbauen und dabei Unbeliebtes wie Salat weglassen.

VARIANTE  Für Cheeseburger je 1 Scheibe würzigen Käse dazugeben. Für einen Hawaii-Burger noch 1 Scheibe Ananas dazu. Wer es besonders deftig mag, grillt auch noch ein paar Scheiben Bacon mit, die auch auf den Burger kommen.

# Zucchini-Fenchel-Risotto

*Zucchinischwemme hin und her, mit diesem tollen Risotto fällt das Verwerten gar nicht schwer. Fenchel, Parmesan, viel frische Zitrone und – wer mag – Pfeffer machen es erfrischend leicht. Danke, liebe Katinka, für die Inspiration beim Whiskeytrinken.*

**2–3 Zucchini • 1 Fenchel • 1 große Zwiebel • 2 EL Butter • 1 EL Olivenöl • 400 g Risotto-Reis • 500–700 ml warme Brühe • 1 Zitrone • frisch geriebener Parmesan • Salz • Pfeffer, frisch gemahlen**

**4 Portionen**
**40 Min.**

Zucchini und Fenchel waschen, putzen und ungefähr gleich klein würfeln. Die Zwiebel abziehen und fein hacken. In einem Topf Butter sowie Olivenöl erhitzen und die Zwiebel darin goldgelb anbraten. Den Reis dazugeben, kurz mitrösten, dann mit 500 ml warmer Brühe ablöschen. Den Rest Brühe für später aufheben. Das Gemüse unterrühren und das Risotto köcheln lassen. Immer wieder probieren, ob der Reis schon gar ist. Eventuell noch etwas Brühe nachgießen. Die Zitrone auspressen, den Saft zum Risotto geben. Gegen Ende der Garzeit Parmesan dazugeben, mit Salz abschmecken. Zum Servieren frisch gemahlenen Pfeffer über das Risotto geben.

# Minestra restra

*Suppe im Sommer? Aber natürlich, schließlich fängt es ja bekanntermaßen zu Ferienbeginn immer an, Bindfäden zu regnen. Die für den Grill gedachten Zucchini, Auberginen, Tomaten und Bohnen, die im Gemüsefach auf besseres Wetter warten, sind ideale Zutaten für eine Minestra restra.*

**2 EL Butter • 1 Zweig Rosmarin • 1 Gemüsezwiebel • 4–5 Handvoll gemischtes Sommergemüse • 1 l Hühnerfond • 2–3 Tomaten • 1–2 Handvoll gekochte Nudelreste • frisch geriebener Parmesan**

**3–4 Portionen**
**20 Min. + 30 Min. Garzeit**

Butter schmelzen und den Rosmarinzweig darin andünsten, sodass er anfängt zu duften. Zwiebel abziehen, in Ringe schneiden und anschwitzen. Das Sommergemüse putzen, in ungefähr gleich große Stücke schneiden und ebenfalls kurz mit andünsten. Hühnerfond angießen und 30 Min. köcheln lassen. Tomaten waschen, in feine Würfel schneiden und gegen Ende der Garzeit dazugeben. Als sättigende Einlage eignen sich Nudelreste, diese aber erst kurz vor dem Servieren und portionsweise dazugeben, damit sie nicht matschig werden. Mit Parmesan servieren.

**KÜCHENKINDER** schnippeln Gemüse und reiben Parmesan.

# Gefüllte Zucchini mit frischer Gartensalsa

*Ein wirklich günstiges Sommergericht, Zucchini gibt es in Massen und manchmal sogar geschenkt, außerdem benötigt man für die Füllung nicht mehr als ein paar Handvoll Reste von Reis und Käse. Trotzdem ist das Gericht alles andere als eintönig, dafür sorgt auch die pikante Gartensalsa.*

**4 große Gartenzucchini**
**1 Handvoll gegarter Reis**
**1 Handvoll Basilikumblätter**
**1 Handvoll schwarze Oliven**
**1 Handvoll Schafskäsewürfel**
**2 EL Crème fraîche**
**1 TL weißer Pfeffer**
**Für die Salsa:**
**3 Tomaten**
**1 Zwiebel**
**1 grüne Paprika**
**1 Handvoll Korianderblättchen**
**1 EL Limettensaft**
**Salz**
**Optional: 1 grüne Chilischote**

**4 gefüllte Zucchini**
**20 Min. + 40 Min. Garzeit**

Den Ofen auf 200 Grad (220 Grad Ober-/Unterhitze) vorheizen. Die Zucchini längs halbieren und mit einem Esslöffel aushöhlen. Das Fruchtfleisch sehr klein hacken und mit dem Reis vermischen. Basilikum zerzupfen, Oliven in Ringe schneiden und mit dem Schafkäse zum Reis geben. Crème fraîche und Pfeffer dazugeben und vermengen. Die Zucchinihälften in eine gefettete Auflaufform legen und mit der Reismischung füllen. (Dabei darf sich die Füllung ruhig ein bisschen auftürmen!) Im Ofen 40 Min. backen. Für die Salsa Tomaten, Zwiebel und Paprika fein würfeln, alles mischen und die Tomaten dabei etwas zerdrücken. Nach Geschmack eine fein gehackte grüne Chilischote zugeben. Korianderblättchen untermischen. Mit Limettensaft und Salz pikant abschmecken. Im Kühlschrank ziehen lassen, bis die Zucchini fertig gegart sind.

# Französischer Fischtopf mit Rouille

*Um ein bisschen Südfrankreich und Fisch auf den Tisch zu bekommen, mache ich im Sommer gerne diesen Fischeintopf. Er ist eine Art Hilfs-Bouillabaisse, denn für das Original bekomme ich abseits großer Küsten kaum alle Zutaten zusammen. Schmecken tut er aber trotzdem wunderbar!*

**Für den Fischtopf:**
4 weiße Fischfilets (WWF, Followfisch)
1 Glas trockener Weißwein
1 gelbe Zwiebel
1 rote Zwiebel
2 EL neutrales Öl
1 rote Paprika
1 grüne Paprika
1 Möhre
1 Stange Sellerie
2–3 mehlig kochende Kartoffeln
500 ml Fischfond
1 Lorbeerblatt
1 EL Paprikapulver
6 reife Tomaten

**Für die Rouille:**
2 Knoblauchzehen
1 alte Pellkartoffel
½ EL Cayennepfeffer
2 EL Olivenöl
2 EL Sud vom Fischtopf
grobes Meersalz

**4–6 Portionen**
**20 Min. + 40 Min. Garzeit**

EIN HAUCH VON Côte d'Azur

Die Fischfilets in mundgerechte Stücke schneiden und im Weißwein marinieren. Die Zwiebeln abziehen, vierteln, in feine Ringe schneiden und im Öl sanft andünsten. Paprika sowie Möhren und Sellerie waschen, putzen und in gleich große Würfel schneiden, zu den Zwiebeln geben und mit andünsten. Die Kartoffeln schälen und würfeln. Den Eintopf mit dem Fischfond angießen, das Lorbeerblatt sowie Paprika und Kartoffelwürfel zugeben und zum Kochen bringen. Die Tomaten mit kochend heißem Wasser überbrühen, häuten, klein hacken und ebenfalls zum Eintopf geben. Ungefähr 25 Min. auf kleiner Flamme kochen lassen. In der Zwischenzeit die Rouille herstellen. Dazu den Knoblauch abziehen. Pellkartoffel (gut hier: Rest vom Vortag) zusammen mit den Knoblauchzehen, den Cayennepfeffer sowie Olivenöl in einem Mörser oder in der Küchenmaschine fein zerhäcksln. Mit so viel Sud vom Fischtopf vermischen, bis eine cremige Sauce entsteht. Mit Meersalz abschmecken. Nach Ende der Kochzeit die Fischfilets zum Eintopf geben und 15 Min. ziehen lassen. Nicht mehr kochen! Zum Servieren etwas Rouille auf geröstetes Brot (Reste!) geben und zum Fischtopf reichen.

**KÜCHENKINDER** schnippeln Gemüse, stellen die Rouille her, rösten Brotscheiben an.

# Mediterraner Auberginenauflauf

*Aubergine ist neben Zucchini das Sommergemüse schlechthin. Dieser mediterrane Auberginenauflauf ist eine Verbindung von Lasagne, Moussaka und einem Auberginengericht, das ich einmal in einem türkischen Lokal in London gegessen habe. Die großzügige Verwendung von frischen Kräutern ist hier Pflicht!*

 **2 große Auberginen**
**1 rote Zwiebel**
**2 Knoblauchzehen**
**2 EL Olivenöl**
**300 g gemischtes Bio-Hackfleisch**
**4 EL Tomatenmark**
**200 ml Wasser**
**½ TL Zimt**
**4 Zweige Minze**
**6 Zweige Oregano**
**1 Bund Petersilie**
**Salz**
**Pfeffer, frisch gemahlen**
**1 Kugel Mozzarella**
**Für die Béchamel:**
**3 EL Butter**
**2 EL Mehl**
**140 ml zimmerwarme Milch**
**Salz**
**½ TL Kreuzkümmel**

 **4–6 Portionen**
**1 Stunde**

Soulfood für HEIMURLAUBER

Die Auberginen waschen, putzen und längs in flache Scheiben schneiden. Die Auberginenscheiben in einer Schüssel mit Wasser und Salz bedecken, eventuell mit einem Brett beschweren und ziehen lassen. Zwiebel und Knoblauch abziehen, fein hacken und in einer Pfanne im Olivenöl goldgelb anbraten. Hackfleisch zugeben, krümelig braten, dann Tomatenmark und Wasser hinzufügen, Zimt dazugeben und circa 15 Min. köcheln lassen. Den Ofen auf 200 Grad Umluft (220 Grad Ober-/Unterhitze) vorheizen. Die Kräuter waschen, zupfen und fein hacken. Geschnittene Kräuter zum Ende der Garzeit zur Fleischsauce geben. Diese mit Salz und Pfeffer abschmecken. Für die Béchamelsauce in einem Topf Butter schmelzen, Mehl einrühren und anschwitzen. Die Milch vorsichtig zugießen und gründlich verrühren. Mit Salz und Kreuzkümmel würzen. Fertige Béchamelsauce vom Herd nehmen. Die Auberginen aus dem Wasser nehmen und gründlich trocken tupfen. In einer separaten Pfanne die Auberginenscheiben in reichlich Fett von beiden Seiten goldgelb braten. Auf einem Küchenpapier das überschüssige Fett aufsaugen. Den Auflauf in folgender Reihenfolge schichten: Béchamelsauce, Auberginenscheiben, Fleischsauce etc. Die letzte Schicht sollte Béchamelsauce sein. Zuletzt den Mozzarella in Scheiben schneiden, die Lasagne damit belegen und den Auflauf im Ofen circa 20 Min. goldgelb backen.

# Mittsommerfest

Wer einmal die Schweden im Sommer erlebt hat, kann ihr Verhalten nur im Kontext der langen, dunklen Winter verstehen. Jeder Sommertag wird nämlich dazu genutzt, exzessiv draußen zu spielen, zu feiern, zu essen und zu trinken. Draußen ist das neue Drinnen und wenn dann auch noch Mittsommer ist, gibt es kein Halten mehr. Die Sonne geht fast nicht unter an dem Tag, neben Mücken tummeln sich Kind und Kegel an jedem erreichbaren Schärenufer. Auch wenn wir keine Schären haben, so doch den einen oder anderen See, eine Waldlichtung, einen Garten oder Partybalkon. Ein bisschen nordisches Feeling kommt also bei diesem Mittsommerfest auf, bei dem alle sich vereint an der Draußenjahreszeit erfreuen. Ein schönes Ritual für Kinder im Wechsel der Jahreszeiten ist es allemal und eine gute Ausrede, den Grill aufzustellen, das Crocket-Spiel auszupacken und Blumenkränze aus Gänseblümchen zu flechten.

# Zimtschnecken aus Quark-Öl-Teig

*Die Zimtschnecke ist so etwas wie die schwedische Butterbrezel – an jedem Kiosk und jeder Tank-stelle zu haben. Das Original ist aus Hefeteig, weil ich aber beim Gedanken an Zimtschnecken immer SOFORT welche haben muss, sind meine Zimtschnecken aus Quark-Öl-Teig, weil sie im Hand-umdrehen fertig sind.*

**150 g Magerquark · 6 EL Milch · 6 EL Öl ·
75 g Zucker · 1 Prise Salz · 1 Päckchen
Vanillezucker · 300 g Mehl · 1 Päckchen
Backpulver · ½ TL gemahlener Kardamom ·
100 g weiche Butter · reichlich Zucker und
Zimt · 1 Ei · Hagelzucker**

**22 kleine Zimtschnecken**

**15 Min. + 15 Min. Backzeit**

Den Ofen auf 180 Grad Umluft (200 Grad Ober-/Unterhitze) vorheizen. Den Magerquark mit der Milch, dem Öl sowie Zucker, Salz und Vanillezucker schaumig aufschlagen. Das Mehl mit Backpulver und gemahlenem Kardamom vermischen. Nun die erste Hälfte des Mehls zur Quarkmischung geben und verrühren. Den Rest des Mehls dazugeben und mit den Händen zu einem glatten Teig verkneten. Die Arbeitsplatte ordentlich bemehlen. Den Teig mit einem ebenfalls bemehlten Nudelholz zu einem länglichen Rechteck ausrollen. Das Teigrechteck mit der weichen Butter bestreichen und großzügig mit Zimtzucker bestreuen. Von der langen Seite her aufrollen, von der Rolle mit einem scharfen Messer kleine Schneckchen abschneiden und mit der Schnittfläche nach oben auf ein mit Backpapier ausgelegtes Blech legen. Das Ei mit 1 EL Wasser verquirlen, die Zimtschnecken damit bestreichen und mit Hagelzucker bestreuen. Die Zimtschnecken 10–15 Min. goldbraun backen.

**KÜCHENKINDER** kneten Teig, bepinseln die Zimtschnecken mit Ei und bestreuen sie mit Hagelzucker.

# Marinierter Schweinebauch mit Kartoffeln im Lehmmantel

*Schweinebauch, der nur auf dem Grill richtig lecker wird, sollte man beim Metzger des Vertrauens besorgen. Die Kartoffeln werden, ganz umweltfreundlich, nicht in Alufolie gewickelt, sondern im Lehmmantel gegart. An einer Feuerstelle im Garten oder Wald macht es doppelt Spaß, zu grillen!*

**8 Scheiben Schweinebauch · 2 EL Olivenöl · 2 EL Balsamico · 1 EL Ketchup · Salz · Pfeffer, frisch gemahlen · 1 EL scharfes Paprikapulver · 20 mittelgroße Kartoffeln · 1 Kindereimer Lehmboden aus dem Wald**

**8 Portionen**
**1 Stunde + 5 Stunden Marinierzeit**

Die Schweinbauchscheiben aus dem Kühlschrank nehmen. Das Olivenöl mit Balsamico, Ketchup, Salz, Pfeffer und Paprikapulver verrühren. Die Schweinebauchscheiben mit der Marinade bepinseln, in eine große Schüssel legen und zugedeckt im Kühlschrank mindestens 5 Stunden marinieren. Im Wald einen Eimer besonders lehmigen Erdboden holen. Diesen mit etwas Wasser zu einer tonartigen Konsistenz anrühren und die Kartoffeln damit einkleiden. Die Kartoffeln mindestens 30 Min. in der Lehmhülle ins Feuer legen. Den Schweinbauch so lange grillen, bis er knusprig ist. Zum Fleisch passen Pflaumen- oder Apfelchutney. Die Kartoffeln vertragen sich gut mit der Remoulade (Seite 141) oder aber einfach mit etwas Butter und Salz.

**KÜCHENKINDER** rühren die Lehmpampe an und kleiden die Kartoffeln damit ein.

# Gurkensalat mit Räucherlachsstreifen

*Gurke ist für mich ein typisch skandinavisches Gemüse, da ich Gurkenwasser zum ersten Mal in Stockholm getrunken habe. Frischer Gurkensalat gehört außerdem zum Sommer wie Sonnenbrand und Chlorgeruch, daher hier meine internationale Interpretation eines klassisch schwedischen Gerichts.*

**2 Salatgurken · 1 EL Salz · 2 EL Rapsöl ·
2 EL Weißweinessig · 1 TL Sojasauce ·
1 TL frisch geraspelter Ingwer · 2 Frühlingszwiebeln · 1 Handvoll Kapuzinerkresseblüten ·
8 Scheiben Bio-Räucherlachs**

**8 Portionen**

**30 Min. + 15 Min. Ziehzeit**

Die Salatgurken nur teilweise schälen, sodass etwas Grün dran bleibt. Längs halbieren und entkernen, dann in Scheiben schneiden. In einer Schüssel mit Salz vermengen und 15 Min. ruhen lassen. ► Öl, Essig, Sojasauce und Ingwer verrühren. Die Frühlingszwiebeln putzen und in feine Ringe schneiden. Die Kapuzinerkresseblüten ausklopfen, damit keine Käferchen drin sind. ► Den Lachs in feine Streifen schneiden. Die Gurkenscheiben abgießen, mit der Sauce vermengen, dann mit den Frühlingszwiebeln, den Blüten sowie den Lachsstreifen garnieren.

**KÜCHENKINDER** helfen mit, Blüten zu sammeln, die Gurken zu schnippeln und die Sauce zu rühren.

**TIPP** Aus den Kernen und Schalen Gurkenwasser machen! Dazu die Gurkenteile in eine große Karaffe geben und mit eiskaltem STILLEM Wasser angießen. Ein paar Minuten ziehen lassen, dann die Gurkenteile abseihen und das Gurkenwasser servieren.

# Buttermilch-Bohnen-Suppe

*Diese Suppe meiner Großmutter Maria ist für mich Kindheit pur. Eine wirklich überraschende Art, grüne Bohnen zuzubereiten und dank der Buttermilch richtig erfrischend. Grüne Bohnen sind übrigens ein genügsames Gewächs, alleine für dieses Gericht sollte man also welche anbauen.*

**400 g grüne Bohnen**
**1 Zweig Bohnenkraut**
**400 g mehlig kochende Kartoffeln**
**450 ml Buttermilch**
**300 ml Rinderbrühe**
**Salz**
**Pfeffer, frisch gemahlen**
**Muskatnuss, frisch gerieben**

**4 Portionen**
**15 Min. + 25 Min. Garzeit**

Die Bohnen putzen und in mundgerechte Stücke schneiden. Die Bohnen in einem Topf mit einem Zweig Bohnenkraut und in reichlich Salzwasser ungefähr 10 Min. bissfest kochen. Zum Blanchieren eine große Schüssel Eiswasser bereitstellen. Die gegarten Bohnen abgießen, das Bohnenkraut entfernen und die Bohnen in Eiswasser abschrecken, sodass sie ihre schöne Farbe behalten. Die Kartoffeln schälen, in Salzwasser gar kochen, abgießen und abkühlen lassen. Anschließend die Kartoffeln mit dem Kartoffelstampfer stampfen. Das Kartoffelpüree mit der Buttermilch sowie der Brühe in einem Topf vermischen, mit dem Schneebesen gründlich verschlagen und zum Kochen bringen. So lange kochen, bis die Suppe eine sämige Konsistenz bekommen hat. Dann erst die Bohnen dazugeben und die Suppe noch mal 10 Min. ziehen lassen, nicht mehr kochen! Anschließend mit Salz, Pfeffer sowie Muskat abschmecken und sofort servieren. Dazu schmeckt selbstgebackenes Brot mit Butter.

# Hühner-Sesam Stir-fry

*So viel frisches Gemüse wie im Sommer gibt es das ganze Jahr über nicht. Und weil es gerade im Sommer schnell gehen darf, machen wir hier ein schnelles Stir-fry mit glücklichem Hühnchen, bei dem das Grünzeug richtig schön knackig bleibt. Dazu passen neben Reis auch Buchweizennudeln aka Soba.*

2 Hühnerbrüste
1 Kopf Brokkoli
2 Möhren
1 Handvoll dunkle Champignons
1 rote Paprika
2–3 EL Sojasauce
2–3 EL Mirin
2 EL Erdnussöl
1 EL Sesamöl
3 EL Sesamsamen
1 Frühlingszwiebel

4 Portionen
30 Min.

Die Hühnerbrust klein schneiden. Brokkoli, Möhren, Champignons und Paprika waschen und putzen und in ungefähr gleich große Stücke schneiden. Die Sojasauce mit dem Mirin verrühren und beiseitestellen. Um die Zutaten für das Stir-fry richtig gut anbraten zu können, am besten eine etwas zu große Pfanne aus schwerem Gusseisen verwenden. Wichtig ist, dass alle Stellen in der Pfanne heiß werden. 1 EL Erdnussöl erhitzen, bis es anfängt, Schlieren zu bilden. Dann erst das Hühnchen reingeben und kräftig von allen Seiten anbraten. Aus der Pfanne nehmen, eventuelle Flüssigkeit entfernen. Dann den 2. EL Erdnussöl erhitzen und das Gemüse darin knusprig anbraten. Das Hühnchen hinzufügen und alles mit der Soja-Mirin-Mischung ablöschen. Einkochen lassen, bis die Sauce eingedickt ist, dann von der Platte nehmen und Sesamöl sowie Sesamsamen einrühren. Zuletzt die Frühlingszwiebel putzen, in feine Ringe schneiden und das Stir-fry damit dekorieren.

# Koteletts mit Stachelbeer-Ananas-Sauce

*Schweinekoteletts und Stachelbeeren sind ein Dream Team aus England. Um die Sauce in die erste Liga zu befördern, habe ich noch Ananas eingekauft. Das Fleisch stammt natürlich vom Metzger meines Vertrauens, die Stachelbeeren vom Markt oder aus dem eigenen Garten.*

🛍 **4 Schweinekoteletts · 1 EL Erdnussöl ·
2 Handvoll Stachelbeeren · ½ Ananas ·
1 Schuss Apfelsaft · Salz · Zitronenpfeffer**

🍴 **4 Portionen**
🕐 **20 Min.**

▶ Die Schweinekoteletts in etwas Erdnussöl von beiden Seiten scharf anbraten. Zugedeckt warm stellen. ▶ Die Stachelbeeren vierteln, die Ananas in Stückchen schneiden, beides in der noch heißen Pfanne anrösten. Mit einem Schuss Apfelsaft ablöschen, kurz köcheln lassen. Mit Salz sowie Pfeffer würzen, eventuellen Fleischsaft von den Koteletts dazugießen und sofort mit der Sauce servieren. ▶ Dazu passen Meersalzkartoffeln oder das Zucchini-Fenchel-Risotto (Seite 74).

# Meersalzkartoffeln mit Rosmarin

*Ein Urlaubsrezept! Nach Ende des Strandtags nimmt man eine Flasche Meerwasser mit in die Ferienwohnung und kocht los. Kartoffeln schälen muss niemand, dafür darf in der Rabatte nach wildem Rosmarin gesucht werden. Keine Angst vor Keimen im Wasser – wird ja schließlich alles gekocht.*

🛍 **1 kg kleine Frühkartöffelchen ·
2 l Meerwasser · 1 EL Butter ·
2 Zweige Rosmarin**

🍴 **4 Portionen**
🕐 **30 Min.**

▶ Die Kartoffeln gründlich schrubben und dann im Meerwasser circa 30 Min. gar kochen. Anschließend abgießen. ▶ Im noch heißen Topf die Butter schmelzen, die Rosmarinnadeln abstreifen, zugeben und andünsten und schließlich die Kartoffeln darin schwenken. ▶ Die Meersalzkartoffeln unbedingt mit Schale genießen.

# Orecchiette di Vieste

*Wer einen kleinen Geldbeutel hat, kommt um Brokkoli fast nicht herum, schließlich ist das Gemüse –gerade im Sommer – günstig aus der Region zu haben. Weil man aber nicht immer nur Brokkolisuppe essen kann, hier mein Lieblingsnudelgericht mit dem grünen Gemüse.*

🛒 **250 g Orecchiette • Salz • 1 Kopf Brokkoli • 1 gelbe Paprika • 3 Knoblauchzehen • 1 EL Öl • 1 EL Butter • 2–3 EL trockener Weißwein • reichlich Pfeffer, frisch gemahlen •**
**Optional: 1 rote Chilischote**

✗ **2 Portionen**
🕐 **10 Min. + 20 Min. Garzeit**

➡ Orecchiette nach Packungsanweisung in Salzwaser kochen. ➡ Brokkoli in Röschen brechen, Paprika in feine Streifen schneiden. Knoblauch abziehen, in Scheiben schneiden und in Öl sowie Butter andünsten. ➡ Paprika und Brokkoli dazugeben, mit Weißwein ablösen, mit Salz sowie Pfeffer würzen und 15 Min. dünsten. Mit den Orecchiette vermischen und sofort servieren. Wer es scharf mag, kann noch eine entkernte und in Ringe geschnittene Chilischote mit andünsten.

# Petit Pois française ⟩ *Gutes von früher* ⟨

*Erbsen sind so viel mehr als Erbsen und Möhrchen aus dem Glas. Besonders lecker finde ich sie in ihrer klassisch französischen Version mit geschmortem Kopfsalat. Dieses Erbsengemüse passt zu gegrilltem Fleisch, ist aber durchaus auch Hauptgericht mit frischem Baguette als Begleitung.*

🛒 **2 Zwiebeln • 2 Knoblauchzehen • 2 EL Olivenöl • 500 g frisch gepahlte Erbsen • ½ Becher Sahne • 1 kleiner Kopfsalat • 1 Prise Zucker • Salz • 1 Spritzer Zitronensaft**

✗ **4 Portionen**
🕐 **20 Min.**

➡ Zwiebeln und Knoblauch abziehen und fein hacken. Olivenöl erhitzen, Zwiebeln und Knoblauch zugeben und darin andünsten. ➡ Die Erbsen hinzufügen, die Sahne angießen und zum Kochen bringen. ➡ Den Kopfsalat waschen, in Streifen schneiden und mit andünsten, bis er zerfällt. Mit Zucker, Salz und Zitronensaft abschmecken. Sofort servieren.

**VARIANTE** Wenn es keine frischen Erbsen gibt, funktioniert dieses Rezept ebenso gut mit Tiefkühlware.

# HERBST

# Hühnersandwich

*Langweilige, trockene Pausenbrote ereilt ein gemeinsames Schicksal: nach langen Irrfahrten im Schulranzen landen sie irgendwann in der Mülltonne. Damit die Kinder ihre Stulle also mit Genuss essen, müsse wir sie schon etwas aufpeppen.*

🛍 **2 Scheiben kräftiges Körnerbrot •**
**2 EL Frischkäse • 2 Scheiben geräucherte**
**Hühnerbrust • 1 Spritzer Zitronensaft •**
**1 Prise Currypulver • ¼ Birne**

🍴 **1 Sandwich**
🕐 **15 Min.**

👉 Eine Scheibe Körnerbrot mit dem Frischkäse bestreichen. Die Hühnerbrust darauflegen. 👉 Zitronensaft mit Currypulver vermischen und darübertröpfeln. 👉 Die Birne in feine Scheiben schneiden, auf das Sandwich legen und mit der andere Brothälfte bedecken. Gut einpacken, beispielsweise in einer Brotdose.

**VARIANTE**   Für Vegetarier nimmt man statt Hühnchen zwei Scheiben kräftigen Cheddar.

# Hausgemachter Liptauer

*Aus ollem Magerquark wird ein sehr pikanter Käse fürs Oktoberfestmenü oder ein zünftiges Frühstück. Wichtig ist, den Käse vor Verzehr ein paar Stunden im Kühlschrank ruhen zu lassen, damit sich die Aromen gut verbinden können. Besonders Mutige geben noch etwas Knoblauch dazu.*

🛍 **250 g Magerquark • 125 g weiche Butter**
**oder Margarine • 4–5 EL Joghurt •**
**1 EL scharfes Paprikapulver • ½ EL**
**edelsüßes Paprikapulver • 1–2 EL**
**Kümmelsamen (nach Geschmack) •**
**1 TL Senf • 1 milde rote Peperoni •**
**1 Zwiebel • Salz • Optional: Knoblauch**

🍴 **1 mittelgroße Käsekugel**
🕐 **15 Min.**

👉 Den Magerquark mit der Butter (oder Margarine) sowie dem Joghurt gründlich verrühren. Die Gewürze dazugeben. 👉 Peperoni und Zwiebel sehr fein würfeln, eventuell sogar reiben, dazugeben und die Masse gründlich verrühren. Mit Salz abschmecken. 👉 Wer es sehr deftig mag, kann noch eine Knoblauchzehe dazupressen. Den Käse zu einer Kugel formen und im Kühlschrank 2–3 Stunden oder über Nacht ruhen lassen. Dazu passen Brezn oder Salzstangen.

# Happy Halloween

*Resteverwertung de luxe und was Schickes für die große Pause oder die Lunch Time ist das Kürbiscremebrot Happy Halloween. Denn was gibt es Besseres als sättigenden Kürbis und pikante Sauce, praktisch verpackt zwischen zwei Brothälften?*

🛍 Reste von den Kürbisspalten aus dem Ofen (Seite 115) • 1 EL Fruchtessigreduktion (Seite 115) • Pfeffer, frisch gemahlen • 2 Scheiben kräftiges Bauernbrot • 1 Handvoll Portulak

🍴 1 Pausenbrot
🕐 10 Min.

➡ Die Reste des Gemüses pürieren und mit der Essigreduktion sowie dem Pfeffer abschmecken. ➡ Auf eine Scheibe des Brotes streichen, mit ein paar gewaschenen Portulakblättchen belegen und die zweite Scheibe andrücken. Portulak gibt es im Herbst sowie Winter auf dem Wochenmarkt.

# Doppeldecker

*Von meinem rheinischen Vater kommt die Idee, die letzten Scheiben Vollkornbrot vom Frühstück noch zu verwerten, bevor sie trocken und ungenießbar wird. Die Kombination aus fluffigem weißen Brötchen, salzigem Gouda und gehaltvollem Vollkornbrot ist perfekt.*

🛍 1 halbes Weißmehlbrötchen • etwas Butter • 2 Scheiben junger Gouda • 1 Scheibe Vollkornbrot

🍴 1 Doppeldecker
🕐 5 Min.

➡ Die Brötchenhälfte buttern und mit dem Gouda belegen. ➡ Das Vollkornbrot drauflegen, fertig. Mehr darf auch nicht drauf, dieses Pausenbrot lebt von seiner Schlichtheit.

TIPP Eine andere Kindheitserinnerung ist die Schokokusssemmel, bei der eine Weißmehlsemmel mit einem Schokokuss belegt und dann zusammengedrückt wurde. Eine wirklich ungesunde, supersüße Angelegenheit, aber eine gute Idee wenn man beispielweise von einem Kindergeburtstag noch Schokoküsse übrig hat und diese mit ein wenig Brot »entschärfen« will. Außerdem: ein Erste-Sahne-Trostessen, diese Schokokusssemmel. Bei Liebeskummer wärmstens empfohlen.

# Sauerteigbrot selber backen

*Sauerteig ist ein Mehl-Wasser-Gemisch, das von Hefe und Milchsäurebakterien besiedelt und traditionell zum Brotbacken verwendet wird. Die Hefe lockert den Teig beim Backen und die sauren Bakterien schützen ihn vor der Besiedelung mit Schimmelpilzen.*

**Für den Sauerteigansatz: 200–500 g Roggenmehl • handwarmes Wasser • Für das Sauerteigbrot: ca. 1 kg Roggenmehl oder 500 g Roggenmehl + 500 g Roggenschrot • 1 TL Salz • ca. 300 ml Wasser**

**1 Sauerteigbrot**

**mehrere Tage Ruhezeit + 50 Min. Backzeit**

Als Erstes: Ansetzen des Sauerteiges: 1 Handvoll Mehl mit handwarmem Wasser zu einem pfannkuchenartigen Teig verrühren und mit einem sauberen Mulltuch zugedeckt an einem warmen Ort einen Tag stehen lassen. Nach 1 Tag den Ansatz mit mindestens 1 Löffel Mehl und Wasser füttern und mit einem Schneebesen oder Löffel kräftig aufschlagen. Dann wieder 1 Tag stehen lassen und füttern. Täglich wiederholen. Nach 5–6 Tagen sollte der Teig sehr blubbrig sein und fein nach Essig oder Ananas riechen. Und dann ist Backtag: Der Teig sollte nach fünf Tagen ungefähr 400–500 g wiegen. Vom Sauerteig ca. ¾ abnehmen und den Rest bis zur nächsten Verwendung im Kühlschrank lagern – das deaktiviert die Hefe und die Bakterien, die leicht mehrere Wochen so aushalten, bis es wieder losgeht. Den Sauerteigansatz, 1 kg Roggenmehl oder eine Mischung aus 500 g Roggenmehl und 500 g eingeweichtem Roggenschrot mit dem Salz und dem Wasser zu einem glatten Teig verkneten und einen Laib formen. Den fertigen Laib auf einem bemehlten Brett oder in einer Kastenform nochmals 1–2 Stunden gehen lassen. Den Ofen auf 250 Grad (Umluft) hochheizen und eine feuerfeste Form mit etwas Wasser in den Ofen stellen. Das aufgegangene Brot in den sehr heißen Ofen schieben, vorher noch kurz mit nassen Händen einreiben. Nach 15 Min. die Temperatur auf 180 Grad zurückdrehen und weitere 40–50 Min. backen. Das Brot ist fertig, wenn es beim Klopfen auf die Rückseite hohl klingt. Abkühlen lassen und erst völlig ausgekühlt anschneiden. Füttern und Pflegen des Sauerteigrests: Hat man einen Sauerteig-Ansatz im Kühlschrank, kann man diesen innerhalb von 24 Stunden backfertig machen. Die 100 g Sauerteig müssen dafür zwei- oder dreimal mit 100 g bis 200 g Mehl und entsprechend viel Wasser gefüttert werden. Beispielsweise kann man Freitagnachmittag die erste Fütterung machen, vorm Schlafengehen am Abend die Zweite und direkt am Samstagmorgen die dritte. 3–4 Stunden nach der letzten Mahlzeit ist die Hefe auf dem Höhepunkt der Aktivität und es kann erneut gebacken werden – eine perfekte Wochenendaktivität.

**KÜCHENKINDER** dürfen den Teig aufschlagen, füttern und pflegen (eine völlig andere Art von Haustier!) und natürlich kneten!

**TIPP** Die Mehlmenge schwankt bei uns sehr. Je nachdem, wie »hungrig« der Teig ist, sind es mal nur 200 g aber auch mal fast 500 g. Die Menge hängt ganz von der Aktivität des Teiges ab.

# Samtkuchen mit Roter Bete

*Wer eine Biokiste hat, bekommt den einen oder anderen Bund Roter Bete von der man ja weiß, dass sie ein Popularitätsproblem hat. Was kocht man nun damit? Wie wäre es mit einem Kuchen? Ist längst nicht so verrückt wie es klingt – schließlich macht man auch aus Möhren Kuchen.*

🛍 **3 Eier • 200 g zimmerwarme Butter • 100 g Rohrohrzucker • 150 g Weizenmehl • 1 ½ TL Backpulver • ½ TL Salz • 3 kleine Knollen Rote Bete • 150 g Zartbitterschokolade • 1 EL frisch geriebener Ingwer • Puderzucker zum Bestäuben**

🍴 **1 Springform**
🕐 **20 Min. + 50 Min. Backzeit**

➤ Den Ofen auf 180 Grad Umluft (200 Grad Ober-/Unterhitze) vorheizen. ➤ Die Eier trennen. Eigelbe mit Butter und dem Zucker zu einer cremigen Masse rühren. ➤ Eiweiß zu Eischnee schlagen. Das Mehl mit dem Backpulver und Salz verrühren und sofort in die Ei-Butter-Zucker-Masse geben. Verrühren und dann den Eischnee unterheben. ➤ Die Rote Bete schälen und fein raspeln, am besten dabei Handschuhe tragen. Die Schokolade grob zerteilen und im Wasserbad langsam schmelzen. Die geschmolzene Schokolade mit der geraspelten Bete vermengen und beides mit dem Ingwer in den Teig einarbeiten. ➤ Den fertigen Teig in eine eingefettete und bemehlte Springform geben, bei 180 Grad im Backofen auf der untersten Schiene für 50 Min. backen. (Garprobe mit einem Holzspieß machen.) ➤ Den Kuchen abkühlen lassen, aus der Form lösen, mit etwas Puderzucker bestäuben oder einen Prinzessinnenkuchen (Seite 93) daraus machen.

# Prinzessinnenfrosting

*Für einen Geburtstag kann man den Kuchen mit einem rosafarbenen »Frosting« versehen – so nennt man den cremigen, kalorienreichen Kuchenbelag aus Frischkäse und/oder Butter, der in den USA auf Cupcakes und Kuchen zu finden ist.*

🛍 **3 EL Rote-Bete-Saft • 150 g Frischkäse • 1 Packung Puderzucker • essbare Blüten (Stiefmütterchen, Gänseblümchen, Kapuzinerkresse)**

🍴 **1 Prinzessinnenkuchen**
🕐 **10 Min.**

➤ Beim Zubereiten des Samtkuchenteigs (Seite 93) etwas Rote-Bete-Saft auffangen. ➤ Den Saft mit Frischkäse und dem Puderzucker verrühren und die Masse mit einem flachen Messer gleichmäßig auf dem Kuchen verteilen. ➤ Zur Dekoration essbare Blüten wie Stiefmütterchen, Gänseblümchen oder Kapuzinerkresse verwenden.

**KÜCHENKINDER** helfen gerne beim Sammeln der Blüten und Verzieren des Kuchens.

## Banana-Pecan-Bread

*Bananen haben die Angewohnheit, von einem auf den anderen Tag plötzlich braun und unansehnlich zu werden. Kein Grund zur Verzweiflung: Überreife Bananen sind wunderbare Backzutaten! Also Teigschüssel raus, Ofen an und los – im kalten stürmischen Herbst geht Kuchen immer.*

🛍 **175 g Weizenvollkornmehl**
**3 TL Backpulver**
**½ TL Salz**
**125 g geschmolzene Butter**
**150 g Rohrohzucker**
**2 große Eier**
**4 kleine, vollreife Bananen**
**100 g Pecannüsse**
**100 g Sultaninen**
**1 TL Vanillezucker**
**etwas Rohrohrzucker zum Bestreuen**

🍴 **1 Kastenform**
🕐 **15 Min. + 1 Stunde 15 Min. Backzeit**

*It's TEATIME*

🔸 Den Ofen auf 150 Grad Umluft (170 Grad Ober-/Unterhitze) vorheizen. 🔸 Eine Kastenform mit Backpapier auskleiden. 🔸 Das Mehl zusammen mit Backpulver und Salz in eine Schüssel sieben. 🔸 In einer zweiten, größeren Schüssel die geschmolzene Butter mit dem Zucker schaumig schlagen, dann Ei für Ei zugeben und weiter schaumig schlagen. 🔸 Die Bananen mit einer Gabel ganz fein zerdrücken und zu der Butter-Zucker-Ei-Mischung geben. Dann mit einem Holzlöffel die Pecannüsse, Sultaninen sowie Vanillezucker unterrühren. 🔸 Die Mehlmischung etappenweise unterheben und gut unterrühren. Den Teig in die Kastenform füllen und mit Rohrohrzucker bestreuen. 🔸 Das Banana-Pecan-Bread 60–75 Min. backen – je nach Reifegrad der Bananen variiert die Dauer. (Stäbchenprobe machen!!)

**KÜCHENKINDER** helfen beim Zermatschen der Banane, rühren den Teig, bereiten die Kastenform vor und kochen Tee.

# Selbst gemachte Fruchtriegel

*Meine Kinder lieben Fruchtriegel. Leider geht deren Beschaffung ganz schön ins Geld und die aufwendige Umverpackung fliegt in Wohnung und Umwelt rum (oder in der Jacken-, Hosen-, Wickeltasche). Hier eine umwelt- und geldbeutelfreundliche Alternative für die kleinen Snackriegel.*

 **1 Handvoll getrocknete Cranberries**
**1 Handvoll getrocknete Aprikosen**
**1 Handvoll getrocknete Pflaumen**
**70 ml Apfelsaft**
**1 Prise Zimt**
**4–6 rechteckige Oblaten**

**5–6 Riegel**
**1 Stunde + 2 Stunden Trockenzeit**

Die Trockenfrüchte – falls geschwefelt – unter heißen Wasser abspülen und eine halbe Stunde im Apfelsaft einweichen. Den Backofen auf 200 Grad Umluft (220 Grad Ober-/Unterhitze) vorheizen. Trockenfrüchte mit dem Apfelsaft pürieren, Zimt zugeben. Die Trockenfruchtmasse auf die rechteckigen Oblaten verteilen und je mit einer Oblate bedecken, die Ränder glatt streichen. Die Fruchtriegelrohlinge im Ofen bei 200 Grad 15 Min. backen. Dann den Ofen ausschalten, die Ofentür ein wenig öffnen und die Riegel mindestens 2 Stunden trocknen lassen. Anschließend mit einem sehr scharfen Messer in passende Form schneiden und in einer Keksdose aufheben. Damit die Riegel nicht aneinanderpappen, zwischen die Lagen zurechtgeschnittenes Backpapier legen.

**KÜCHENKINDER** pürieren die Früchte selber, schmecken die Masse ab und verteilen sie auf die Oblaten.

**TIPP** Die Variationsmöglichkeiten sind fast unendlich: So können die Aprikosen durch getrocknete Apfelringe, die Cranberries durch Rosinen und die getrockneten Pflaumen durch Datteln ersetzt werden. Auch mit dem Saft kann experimentiert werden. Warum die Früchte nicht mal in Kirsch- oder Traubensaft einlegen? Einfach ausprobieren!

# Dinkel-Apfel-Frühstücks-Muffins

*Irgendwann in den 90ern, New York, ein billiges Hotel am Times Square und ich mittendrin mit dem ersten Muffin meines Lebens in der Hand. Ich liebte mein frugales Großstadtfrühstück! Ein guter Start in den Tag für Frühstücksmuffel und eine gute Verwertung von schrumpeligen Äpfeln.*

**4 Eier • 2 ½ Becher Dinkelvollkornmehl • 1 Becher feine Haferflocken • 1 Päckchen Backpulver • 1 Messerspitze Salz • 1 TL Zimt • 1 Becher Zucker • 1 EL Vanillezucker • 1 Becher Naturjoghurt • 1 Becher Distelöl • 1 Apfel • 1 Handvoll gehackte Mandeln, Pecan- oder Walnusskerne**

**12 Muffins**
**20 Min. + 20 Min. Backzeit**

Den Ofen auf 180 Grad Umluft (200 Grad Ober-/Unterhitze) vorheizen. Die Eier trennen und das Eiweiß zu Eischnee schlagen. Mehl, Haferflocken, Backpulver, Zimt und Salz mischen. Eigelbe, Zucker, Vanillezucker, Joghurt und Distelöl zugeben und vermischen. Den Apfel fein reiben und mit den Nüssen zum Teig geben. Eischnee unterheben. Die Masse auf die Muffinförmchen verteilen. Im Ofen bei 180 Grad Umluft ca. 20 Min. backen.

**KÜCHENKINDER** rühren den Teig und schlagen den Eischnee.

**TIPP** Hier ist der Joghurtbecher die Maßeinheit – toll für kleine Backneulinge!

# Flap-Jacks

*Flap-Jacks waren meine Rettung in London, denn sie waren das Günstigste, Nahrhafteste und Leckerste, was man nach einem langen Marsch entlang der Themse kaufen konnte. Das Rezept ist eine prima Verwertung für Haferflockenreste!*

**150 g Margarine • 75 g Rohrohrzucker • 75 g Rübenkraut • 125 g feine Haferflocken • 125 g grobe Haferflocken**

**1 rechteckige Auflaufform**
**30 Min. + Abkühlzeit**

Den Ofen auf 190 Grad Umluft (220 Grad Ober-/Unterhitze vorheizen). Eine Auflaufform mit Backpapier auslegen. Die weiche Margarine mit Zucker sowie Rübenkraut schaumig schlagen. Die Haferflocken unterrühren, die Masse in die Auflaufform geben und ca. 25 Min. backen. Die noch heiße Masse in der Form in Quadrate schneiden und dann erkalten lassen. Nur abgekühlte Flap-Jacks aus der Form nehmen, die heiße Masse zerbröselt!

**KÜCHENKINDER** dürfen alles zusammenrühren.

**VARIANTE** Zu der Masse 1 Handvoll Rosinen oder Cranberries oder Schokotropfen geben.

## Kürbiskuchen  `Resteverwertung`

*Wer Laternenkürbisse schnitzt und keine Kürbissuppe mag, muss das Fruchtfleisch nicht gleich wegwerfen. Es eignet sich nämlich wunderbar als Zutat für fruchtigen Kürbiskuchen. Im Gegensatz zu den meisten Rezepten kommt hier das Fruchtfleisch ohne Vorkochen in den Teig.*

🥖 **250 g Kürbisfleisch**
**210 g Mehl**
**200 g Zucker**
**1 TL Backpulver**
**½ TL frischer Ingwer, geraspelt**
**½ TL Muskatnuss, frisch gerieben**
**½ TL Zimtpulver**
**100 ml Distelöl**
**2 Eier**
**3 EL Rübenkraut**
**100 g gemahlene Haselnüsse**
**Puderzucker zum Bestäuben**

🍴 **1 Kastenform**
🕐 **20 Min. + 1 Stunde Backzeit**

*ORANGE macht glücklich*

▶ Den Ofen auf 180 Grad Umluft (200 Grad Ober-/Unterhitze) vorheizen. ▶ Das Kürbisfleisch fein raspeln. ▶ Mehl mit Zucker, Backpulver und den Gewürzen vermengen. ▶ Das Öl und die Eier verquirlen, Kürbisfleisch und Rübenkraut zugeben und kräftig verrühren. ▶ Anschließend die trockenen Zutaten unterheben. Die Nüsse dazugeben und die Masse in eine mit Backpapier ausgekleidete Kastenform geben. ▶ Den Kürbiskuchen auf der mittleren Schiene des Ofens 50–60 Min. backen. (Stäbchenprobe machen.) ▶ Den Kuchen auskühlen lassen und aus der Form stürzen. Mit Puderzucker überstäuben oder einen Zuckerguss aus Puderzucker, Milch und Zimtpulver machen. ▶ Dieser Kuchen eignet sich auch gut zum Einfrieren. Man kann also einfach eine doppelte oder dreifache Menge backen und den Kastenkuchen dann einfrieren. Zum Auftauen über Nacht bei Zimmertemperatur lagern und am nächsten Tag zum Frühstück genießen.

## KÜRBISSE schnitzen

Um eine Kürbislaterne schön zu finden, muss man nicht unbedingt Halloween-Fan sein: Solche Laternen wurden auch früher schon in unseren Breitengraden gemacht – da allerdings aus Zuckerrüben! Man benötigt: 1–2 Laternenkürbisse, scharfe Messer, Filzstift, Ausstechförmchen Stern, Mond. Die Kürbisse abbürsten, oben ein Stück als Deckel abschneiden, die Kerne entnehmen. Von Fruchtfäden befreien und abspülen. Das Fruchtfleisch auskratzen und für den Kürbiskuchen verwenden. Dann mit dem Filzstift das Muster vormalen. Abgesehen vom klassischen Gruselkürbis sind auch einfache Muster wie Kreise oder Blätter sehr schön. Größere Kinder dürfen sich mit dem Messer selber versuchen. Das Aushöhlen und Schnitzen der Kürbisse erfolgt aber immer unter Anleitung von Erwachsenen. Tipp: Wenn Kinder mit dem Messer noch nicht so gut umgehen können, einfach Sterne- und Mond-Ausstechförmchen verwenden und in gleichmäßigen Abständen Sterne und Monde ausstechen.

# SUPPEN-Sonntag

Nachdem wir uns den ganzen Sommer mit frischen Salaten und auf Grillpartys vergnügt haben, gelüstet es nahezu jeden beim ersten herbstlichen Wettereinbruch (Nebel, Raureif, Sturm und Regen!) nach Suppe. Plötzlich sieht man auf Zeitschriftencovern, im Fernsehen oder auf Blogs wieder köchelnde Töpfe auf dem Herd, Sellerie, Kartoffeln, Lauch und Co. werden zu Tellern dampfenden Lebenselixiers verarbeitet. Hatte ich erwähnt, dass ich Suppe sehr schätze? Warum? Abgesehen davon, dass Suppe kochen wirklich leicht ist und man in Eintöpfen jede Art von altem Gemüse verwerten kann, ist Suppe ebenso einfach eingefroren wie aufgetaut und eignet sich darum gut als schnelles Mittag- bzw. Abendessen, wenn man mit zwei greinenden Kleinkindern im Schlepptau nach Hause kommt. Ein paar frische Würstel rein für den Carnivoren, fürs Baby eine Portion schnell püriert und der Haussegen hängt wieder gerade. Keine schmutzigen Töpfe und Pfannen hinterher, sondern eine frohe und gesättigte Familie. Also nutzen wir den nächsten verregneten Sonntag und kochen Suppe für den Vorrat.

# Kartoffelsuppe

*Diese Suppe ist immer der Hit, vorausgesetzt, es sind genug Kartoffeln und nicht zu viel Lauch darin. Wenn das Suppengrün besonders fein gewürfelt wird, fallen Gemüsezutaten kaum noch auf und werden auch von mäkeligen Essern gerne gegessen.*

**2 kg mehlig kochende Kartoffeln** • **3 große Möhren** • **1 Stange Lauch** • **½ Knolle Sellerie** • **1 l Wasser** • **3 TL Majoran** • **1 TL gekörnte Bio-Gemüsebrühe** • **Salz** • **Pfeffer, frisch gemahlen** • **Optional: Wiener Würstchen**

**1 großer Topf Kartoffelsuppe**
**15 Min. + 45 Min. Garzeit**

Die Kartoffeln und das Suppengrün schälen, putzen und waschen. Die Kartoffeln grob würfeln. Das Suppengrün sehr fein würfeln. Alles im Wasser ansetzen und ca. 45 Min. köcheln lassen. Majoran zugeben und die Suppe mit Gemüsebrühepulver, Salz sowie Pfeffer abschmecken. Mit einem Kartoffelstampfer einmal kurz durch die Suppe gehen, damit die Suppe cremiger wird. Mit Wienerle in Scheiben oder Croûtons aus altem Brot servieren.

**KÜCHENKINDER** schälen und würfeln Kartoffeln, schälen und naschen Möhren, stampfen mit dem Kartoffelstampfer.

# Chai Latte – nur für Mama

*Das Angebot an parfümierten Tees ist im wahrsten Sinne des Wortes atemberaubend, leider wirft man aber oft die Hälfte nach ein paar Monaten weg. Für diesen Gewürztee benötigt man nur einen schlichten Roiboos-Tee als Grundlage. Für Schwangere eine schöne Alternative zu Latte Macchiato.*

**1 TL loser Roiboos-Tee • 1 kleine Zimtstange • 2 Kardamomkapseln • 1 Nelke • 2 Pfefferkörner • 1 EL Rohrrohrzucker • 120 ml Milch**

**1 großes Kaffeeglas**
**15 Min.**

Den Tee, die Zimtstange, Kardamomkapseln, Nelke sowie Pfefferkörner und Zucker in 100 ml Wasser ca. 10 Min. lang kochen. Den Tee abseihen und in ein dickes, hohes Glas geben, nach Geschmack nachsüßen. Die Milch auf der noch heißen Herdplatte in einem Milchaufschäumer aus Edelstahl oder Topf erwärmen und aufschäumen, dann zum Tee-Extrat geben.

TIPP   Die Menge Tee und Gewürze verdreifachen und etwas länger einkochen lassen. Als Teeextrakt für weitere Chai Lattes verwenden. Hält sich circa 1 Woche im Kühlschrank.

# Nusscreme mit getrockneten Tomaten

*Fertige vegetarische Brotaufstriche landen leider oft in der Tonne – weil sie fies schmecken oder rasant schimmeln. Wie gut, dass ich hier eine Variante gefunden habe, die nicht versucht, Leberwurst zu sein, sondern ganz eigenständig lecker ist.*

**1 Handvoll Cashewkerne • 1 EL Zitronensaft • 1 kleine Knoblauchzehe • 1 EL Frischkäse • ½ rote Zwiebel • 4 getrocknete Tomaten in Öl • 1 TL italienische TK-Kräuter • Salz**

**1 Glas**
**15 Min. + 3 Stunden Einweichzeit**

Die Cashewkerne 3 Stunden in Wasser einweichen. Anschließend das Wasser abgießen und die Nüsse mit Zitronensaft, Knoblauch und Frischkäse im Mixer glatt pürieren. Die Zwiebeln abziehen. Zwiebeln und Tomaten grob schneiden und kurz mitpürieren. Die Kräuter unterheben, den Brotaufstrich mit Salz abschmecken und in ein kleines Schraubglas oder eine Schüssel mit Deckel füllen. Die Nusscreme hält sich 1 Woche im Kühlschrank.

KÜCHENKINDER   dürfen die Küchenmaschine bedienen und Brotscheiben abschneiden.

# Feldsalat mit klassischer Vinaigrette

*Wer im Herbst oder Winter Salat essen will, der gesund, schmackhaft und aus der Region ist, kommt um Feldsalat nicht herum. Sogar bei Frost hält es Rapunzel im Freiland aus. Und so kommen in der kalten Jahreszeit diese kleinen Pünzelchen ins Spiel.*

**8 Handvoll Feldsalat • 1 Schalotte • 2 EL Walnussöl • 2 EL Kräuteressig • ½ Becher Schmand • Salz • Pfeffer, frisch gemahlen • 1 Handvoll Speck**

**4 Portionen**
**15 Min.**

Den Feldsalat gründlich waschen und putzen. Die Schalotte abziehen und fein würfeln. Aus Walnussöl, Kräuteressig, Schmand und den Schalotten eine Sauce herstellen. Mit Salz und frisch gemahlenem Pfeffer abschmecken. Feldsalat auf vier Teller aufteilen. Speck würfeln, knusprig braten und über den Feldsalat geben. Mit der Sauce anrichten und sofort servieren.

**KÜCHENKINDER** waschen den Salat und würfeln den Speck.

**VARIANTE** Wer keinen Speck mag, brät einfach ein paar Champignons kräftig an.

# Waldorf-Salat

*Wir versuchen uns hier am Original jenes Salates, bei dem Sellerie die Hauptrolle spielt. Daher ist Waldorfsalat wohl eher kein Kinderessen, sondern ein ideales Dinner for two, wenn der Nachwuchs nach einer Butterstulle schläft und die Eltern sich einen schönen Abend zu zweit gönnen.*

**6 Stangen Sellerie • 1 säuerlicher Apfel mit roter Schale • 2 Handvoll Trauben • 1 EL Ahornsirup • 1 Handvoll Walnüsse • 2 EL Joghurt • 1 EL Zitronensaft • 2 EL Olivenöl • 1 TL Senf • Salz • Pfeffer, frisch gemahlen**

**2 Portionen**
**15 Min.**

Stangensellerie waschen, putzen und in Ringe schneiden. Das Blattgrün der Stangensellerie fein hacken. Apfel vierteln und in feine Scheiben schneiden. Die Trauben halbieren. Alles gleichmäßig auf zwei Tellern anrichten. In einer kleinen Pfanne Ahornsirup erhitzen, bis er anfängt zu schäumen, dann die Walnüsse dazugeben und kurz karamellisieren lassen. Die noch heißen Walnüsse gleichmäßig auf den Tellern verteilen. Aus Joghurt, Zitronensaft, Olivenöl, Senf, Salz und Pfeffer eine Sauce herstellen und über den Salat geben.

**VARIANTE** Wer es gehaltvoller mag, kann noch je Teller ein paar Würfel cremig-würzigen Gorgonzola dazugeben.

# Wurzelgemüsechips mit leckeren Dips

*Ob Pastinake oder Petersilienwurzel, Rote Bete oder Rübchen, ob Möhren oder Schwarzwurzeln: Wurzelgemüse kommt in allen Farben daher und sind ziemlich gesund. Diese farbenfrohe Kombination hat mich zu den Wurzelgemüsechips inspiriert, ein schnieker Schnack für einen Fernsehabend oder die nächste Party.*

 2 mittelgroße Pastinaken
2 Rote Bete
2 rote Möhren
2 lila Möhren
3 EL Distelöl
1 TL Salz
½ TL Paprikapulver
½ TL Currypulver

**Für Joghurtdip Café de Paris:**
1 Becher Schmand
1 Becher stichfester Joghurt
Saft von ½ Zitrone
Salz
1–2 TL Gewürzmischung Café de Paris

**Für den Currydip:**
4 EL Doppelrahmfrischkäse
2 EL Mangochutney
2 TL Currypulver
1 TL Limettensaft
Salz

2 Bleche
30 Min. + 1 Stunde Trockzeit

## KUNTERBUNT und sehr gesund

Den Ofen auf 200 Grad Umluft (220 Grad Ober-/Unterhitze) vorheizen. Die Pastinaken, Rote Bete und Möhren gründlich abbürsten, grob schälen und in feine Scheiben hobeln. Das Gemüse in einer Schüssel mit dem Öl, Salz sowie Paprika- und Currypulver vermengen. Ein Backblech mit Backpapier versehen und die Gemüsescheiben gleichmäßig darauf verteilen. Im Ofen ca. 15 Min. backen. Nach der Hälft der Zeit einmal wenden und immer wieder schauen, dass die Scheiben nicht schwarz werden. Dann den Ofen ausschalten, die Ofentür einen Spalt öffnen und die Chips eine Stunde trocknen lassen. Für den Joghurtdip Schmand, Joghurt und Zitronensaft cremig rühren. Mit Salz und der Café-de-Paris-Gewürzmischung abschmecken. Für den Currydip Frischkäse, Mangochutney, Currypulver und Limettensaft zu einer glatten Masse rühren. Mit Salz abschmecken.

**KÜCHENKINDER** waschen und hobeln das Gemüse, würzen und stellen die Dips her.

# Fruchtmus aus geklaubten Früchten

*Es gibt eine Menge herrenloser Obstbäume in Grünanlagen, Parks oder entlang von Landstraßen. Wenn im Oktober unter diesen Bäumen kiloweise das Obst verrottet, packt mich die Verwertungswut – also auf zum Klauben (nicht klauen!) und Obstmus einkochen.*

**ca. 3 kg gesammelte Äpfel und Birnen ·
Saft von 1 Zitrone · 1 Vanilleschote ·
400 g Rohrohrzucker**

**6 große Gläser Obstmus**
**40 Min. + 30 Min. Ziehzeit**

Die Äpfel und Birnen besonders gründlich waschen, die faulen Stellen ausschneiden, aber nicht schälen. Früchte vierteln, Kerne entfernen. ▶ Das Obst würfeln, in einen großen Topf geben und mit dem Zitronensaft vermengen. ▶ Die Vanilleschote aufschlitzen, auskratzen und das Mark mit dem Zucker vermischen. Die Zuckermischung über das Obst geben und eine halbe Stunde ziehen lassen. ▶ Dann das Mus bei mittlerer Hitze 20 Min. kochen lassen, bis das Obst zerfällt. ▶ In der Zwischenzeit die Gläser vorbereiten. Das noch heiße Fruchtmus durch ein grobmaschiges Sieb oder eine »Flotte Lotte« passieren, in die Gläser einfüllen und diese sofort zuschrauben.

**KÜCHENKINDER** helfen beim Sammeln und Vorbereiten des Obstes.

# Zwiebelconfit ▶ **RAFFINIERT**

*Zwiebelconfit ist eine wohlklingende Marmelade, die zu Rindersteaks und allerlei Braten passt. Sie macht das Beste aus alten murkeligen Zwiebeln, die nicht unbedingt rot sein müssen. Ein Hauch französische Küche für den nächsten Feinschmeckerabend.*

**5–6 rote oder andere Zwiebeln ·
1 EL Butter · 100 g Zucker · 2 EL Rübenkraut · 200 ml Portwein · 1 TL Salz ·
1 Prise Anis**

**2 Gläser**
**45 Min.**

Die Zwiebeln abziehen und in feine Ringe schneiden. ▶ In einem Topf Butter schmelzen, den Zucker sowie das Rübenkraut darin auflösen und die Zwiebelringe bei kleiner Hitze karamellisieren. ▶ Sobald die Zwiebeln glasig sind, mit dem Portwein ablöschen und kurz aufkochen lassen. Mit Salz sowie Anis würzen, dann so lange köcheln lassen, bis das Confit eine marmeladenartige Konsistenz hat. ▶ Das Zwiebelconfit noch heiß in sterilisierte Gläser abfüllen.

**KÜCHENKINDER** bereiten die Zwiebeln vor. (Achtung, heiße zuckrige Flüssigkeit!)

# Birnen-Apfel-Cranberry-Chutney

*Wer kein Obstmus mag, sondern lieber etwas pikanter unterwegs ist, kann aus geklaubten (oder murkeligen) Birnen und Äpfel dieses Chutney kochen. Es hält sich ein Jahr lang und ist ein guter Begleiter zu Winterbraten und sommerlich Gegrilltem.*

🛍 250 ml Apfel- **oder** Fruchtessig •
110–150 ml naturtrüber Apfelsaft •
1 kg Äpfel • 1 kg Birnen • 2–3 Schalotten •
300 g Rohrohrzucker • 3 EL Senfkörner •
3 EL frisch geriebener Ingwer • 1 Zimtstange • 2 TL Salz • 3 Handvoll Cranberries

🍴 4–6 Marmeladengläser
🕐 1 Stunde

➡ Den Essig sowie den Apfelsaft in einem Topf erwärmen. ➡ Die Äpfel und Birnen waschen, entkernen, vierteln, in dünne Scheiben schneiden und sofort in die Essigmischung geben, damit sie nicht braun werden. ➡ Die Schalotten abziehen und in Ringe schneiden. Mit den restlichen Zutaten zum Obst in den Topf geben, alles kurz aufkochen und dann auf kleiner Flamme 20–30 Min. köcheln lassen. Gelegentlich umrühren. ➡ 10 Min. vor Ende der Garzeit die Cranberries dazugeben. ➡ Das noch heiße Chutney in sterilisierte Gläser füllen und sofort gut verschließen. Das Chutney sollte vor dem ersten Genuss mindestens 1 Monat »ruhen«.

**KÜCHENKINDER** sammeln Obst, schnippeln, rühren und reiben den Ingwer.

# Pflaumenchutney

*In manchen Jahren gibt es einen wahren Pflaumen- bzw. Zwetschgensegen, da werden dann die Prümmsche für 1 Euro das Kilo verhökert. Weil kein Mensch so viel Zwetschgen oder Kuchen essen kann und Pflaumenmus auch schon gekocht wurde, mache ich einfach noch ein Chutney.*

🛍 2 kg Pflaumen • 200 ml Apfelessig •
200 g Rohrohrzucker • 1 EL Senfsaat •
1 TL bunte Pfefferkörner • 2 EL Madras-
Currypulver • 1 Zimtstange • 2–3 Nelken •
1 EL Salz

🍴 4–6 Gläser
🕐 30 Min. + 30 Min. Garzeit

➡ Die Pflaumen waschen, entsteinen und vierteln. Den Essig erhitzen, den Zucker darin auflösen. Die Gewürze in einem Mörser grob zerstoßen, zugeben und kurz aufkochen lassen. ➡ Die Pflaumenstücke hinzufügen und ungefähr 20–30 Min. köcheln lassen. ➡ Noch heiß in sterilisierte Gläser einfüllen. Vor Verzehr 2 Wochen ruhen lassen. ➡ Beide Chutneys passen zu Fleisch ebenso gut wie zu Hartkäse.

# LEFTOVER-SATURDAY

## Leftover-Breznchips aus alten Brezeln

*Brezeln sind in Süddeutschland DAS Kinderessen, vor allem für unterwegs, denn sie sind klecker-frei, beliebt und machen satt. Manchmal ist man derartig von Brezeln überzeugt, dass man ein paar zu viel kauft, den Hunger des Kindes überschätzt und sich in Folge überall olle, labberige bzw. steinharte Breznreste sammeln. In Tüten, Rucksack oder teilweise im Kinderwagen – alles voller Laugengebäck in unterschiedlichen Stadien. Wegwerfen? Aber nicht doch. Folgendes Rezept macht aus den ganzen Restchen eine ordentliche Ladung Knusperchips, die mindestens ebenso gerne gegessen werden.*

🍲 **3–4 alte Brezeln** • **3 EL neutrales Öl** •
**ca. 1 TL Paprikapulver** • **Optional: frisch**
**gemahlener Pfeffer der Currypulver**

✖ **4 Snackportionen**
🕐 **10 Min. + 15 Min. Backzeit**

➤ Den Ofen auf 180 Grad Umluft (200 Grad Ober-/Unterhitze) vorheizen. ➤ Die Brezeln in dünne Scheiben schneiden und in eine Schüssel geben. ➤ Das Öl mit Paprikapulver oder Pfeffer bzw. Currypulver gut verrühren. Die Brezelstücke in der Schüssel mit dem Würzöl vermengen und gleichmäßig auf einem Backblech verteilen. ➤ Die Brezeln 10–15 Min. im Ofen knusprig rösten. Dann herausnehmen und abkühlen lassen.

KÜCHENKINDER dürfen die ollen Brezeln erstmal einsammeln, dann schneiden, mit dem Würzöl vermengen und Augen machen, was aus ihren ollen Resten Tolles entsteht.

Rettet die BREZNRESTE!

# Mini-Quiches  **Raffiniert**

*Ich bin ein Fan von Küchengerätschaften, die mehr als nur einen Verwendungszweck haben, weswegen meine Muffinbackform auch für herzhafte Mini-Quiches herhalten muss. Diese kleinen Küchlein schmecken auch kalt und sind hervorragend dazu geeignet, Gemüsereste zu verwerten.*

1 Schalotte • 1 EL Butter • 250 g gemischtes Gemüse • 1 Zweig frischer Thymian • 3 Eier • 6 EL Milch • 1 Handvoll geriebener Käse • 1 Handvoll geriebener Parmesan • 1 TL Salz • Pfeffer, frisch gemahlen • 1 Rolle Fertigblätterteig aus dem Kühlregal

12 Quiches

30 Min. + 20 Min. Backzeit

Die Schalotte abziehen und fein würfeln. In einer Pfanne etwas Butter erhitzen, die Schalotte dazugeben und glasig dünsten. ▶ Das Gemüse putzen, würfeln, mit dem Thymian zu den Schalotten geben und auf kleiner Flamme bissfest garen. ▶ Währenddessen die Eier zusammen mit der Milch und dem Käse zu einer glatten Masse verrühren. Das Salz und etwas frisch gemahlenen Pfeffer dazugeben. ▶ Eine 12er-Muffinform mit Papierförmchen auskleiden. ▶ Den Blätterteig ausrollen und mit einem großen Glas Kreise ausstechen. Diese in die Muffinformen geben und die Ränder hochklappen. ▶ Den Backofen auf 180 Grad (200 Grad Ober-/Unterhitze) vorheizen. ▶ Die Gemüsemischung abkühlen lassen, in die mit Blätterteig ausgekleideten Muffinmulden geben, mit der Ei-Käse-Masse übergießen und mit dem Parmesan bestreuen. Die Mini-Quiches in den Ofen geben und ca. 20 Min. backen, bis der Blätterteig goldgelb und der Parmesan geschmolzen und knusprig ist.

**KÜCHENKINDER**  putzen und schnippeln Gemüse, rühren die Eiermilch an, stechen den Blätterteig aus.

**VARIANTE**  Einen Teil der Ei-Milch-Mischung abtrennen und späte Kirschtomaten sowie kleine Salamiwürfel untermischen. Einen Teil der Quiches mit dieser Mischung backen.

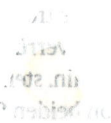

# Quarkkeulchen ▶ Gutes von Früher

*Stephan hat ein Rezept für Quarkkeulchen mit in die Familie gebracht. Dieses Gericht ist der absolute Hit bei Kindern, die süße Mittagessen mögen. Außerdem kann man die dafür benötigten Kartoffeln schon am Vortag gut mitkochen, das spart Energie.*

**500 g Kartoffeln • 150 g Mehl • 65 g Zucker • 1 Prise Salz • 375 g Magerquark • 2 Eier • etwas abgeriebene Zitronenschale • Margarine • Zimtzucker • Optional: 50 g Rosinen**

**8 Portionen**
**30 Min. + 12 Stunden Kühlzeit**

▶ Am Vortag die Kartoffeln als Pellkartoffeln kochen und über Nacht kühl lagern. ▶ Gepellte Kartoffeln in der Küchenmaschine fein reiben oder durch die Kartoffelpresse drücken. ▶ Mehl, Zucker und Salz vermischen. Dann Quark, Eier sowie Zitronenabrieb zugeben und alles durchrühren. Nach und nach die Kartoffelmasse und eventuell Rosinen einarbeiten. ▶ Den Teig auf einer bemehlten Fläche ordentlich kneten. Ist er noch zu feucht, so lange Mehl zugeben, bis ein glatter Teig entsteht. ▶ Aus dem Teig eine Rolle formen und von dieser fingerdicke Scheiben abschneiden. Die Scheiben ein wenig plattdrücken, in etwas Mehl wenden und in Margarine von beiden Seiten goldbraun anbraten. ▶ Die noch heißen Quarkkeulchen im Zimtzucker wenden. Warm oder kalt servieren. Dazu passt das selbst gemachtes Fruchtmus (Seite 106).

**KÜCHENKINDER** kneten den Teig und wenden die Quarkkeulchen im Zimtzucker.

# Apfelpfannkuchen ▶ Resteverwertung

*Pfannkuchen sind ein tolles schnelles Mittagessen. Ich mag sie am liebsten mit Apfel. Zum einen kommen hier die säuerlichen, kleinen Äpfel zum Zuge, die keiner essen will, zum anderen hilft die Säure der Äpfel dem Backpulver bei der Arbeit, und die Pfannkuchen werden schön fluffig.*

**2 säuerliche Äpfel • 180 g Weizenvollkornmehl • 2 TL Backpulver • 2 EL Zucker • 1 Prise Salz • 200 ml Milch • 1 EL zerlassene Butter • 2 Eier • Butter zum Braten**

**4 Portionen**
**25 Min.**

▶ Die Äpfel schälen, entkernen, in kleine Stückchen schneiden. ▶ Die trockenen Zutaten miteinander vermengen. ▶ Die Milch mit der Butter sowie den E... ...ihren und zu den trockenen Zutaten geben. Äpfel unterrühren und den Teig ca. ... ...hen lassen. ▶ In einer Pfanne Butter schmelzen, 3–4 EL Teig hineinsetzen und v... ...Seiten goldbraun werden lassen. Dazu passt Ahornsirup.

**KÜCHENKINDER** rühren Teig, schneiden Äpfel und wenden die Pfannkuchen.

## Kürbislasagne   `Raffiniert`

*Hat die Frau eigentlich noch was anderes im Kopf als Kürbis? Im Herbst kaum. Kürbis ist günstig, vielseitig und nahrhaft – genau mein Ding. Außerdem eignet er sich als Fleischersatz in einer cremig-pikanten Lasagne. Mit ein bisschen Glück merkt niemand, dass kein Fleisch drin ist!*

**1 kleiner Hokkaido- oder Butternut- kürbis • 2 Stangen Staudensellerie • 1 Zwiebel • 1–2 Knoblauchzehen • Oliven- öl zum Braten • frischer Rosmarin • frischer Oregano • 1 Dose Tomaten • etwas Gemüsebrühe • 5 EL rote Linsen • 1 Packung Lasagneblätter ohne Vor- kochen • Parmesan**
**Für die Béchamelsauce: 50 g Butter • 50 g Mehl • 900 ml zimmerwarme Milch • etwas Schmand • reichlich Muskat- nuss, frisch gerieben • Salz • Pfeffer**

**1 große Auflaufform**
**1 Stunde 15 Min.**

### FLEISCHLOS glücklich

Den Kürbis abwaschen, entkernen, recht klein würfeln. ➤ Möhren und Sellerie putzen und sehr fein würfeln. ➤ Zwiebel und Knoblauch abziehen, hacken und in etwas Olivenöl hellgelb anbraten. ➤ Den Rosmarin sowie den Oregano fein wiegen und zu den Zwiebeln geben. Mitbraten, bis die Kräuter anfangen zu duften ➤ Kürbiswürfel, Möhren und Sellerie dazugeben und kurz mitbraten. Mit Tomaten ablöschen, etwas Gemüsebrühe und die Linsen zugeben und das Ganze zugedeckt kochen lassen, bis die Linsen bissfest gegart sind. Eventu- ell Brühe nachgießen. ➤ In der Zwischenzeit die Béchamelsauce herstellen. Dazu die But- ter in einem breiten Topf schmelzen, das Mehl zugeben und goldgelb anschwitzen. Unter kräftigem Rühren die zimmerwarme Milch zugeben, bis eine glatte Masse entsteht. Ein paar EL Schmand dazugeben und die Sauce mit Salz, Pfeffer sowie reichlich Muskat abschmecken. ➤ Die Kürbisfüllung ebenfalls mit Salz und Pfeffer abschmecken. ➤ Den Backofen auf 200 Grad Umluft (230 Grad Ober-/Unterhitze) vorheizen. ➤ Die Lasagne in die Auflauf- form schichten: Gemüsesauce, Lasagneblätter und Béchamelsauce. Die letzte Schicht sollte reichlich Béchamelsauce sein. Die Lasagne mit Parmesankäse bestreuen und bei 200 Grad 20 Min. garen, bis die Lasagne knusprig braun ist.

**KÜCHENKINDER**   helfen beim Einschichten der Lasagne und reiben natürlich den Par- mesan, schälen Gemüse, naschen Möhren etc. pp.

**TIPP**   Das Rezept ist etwas zeitaufwendig, lässt sich aber wunderbar vorkochen und schmeckt aufgewärmt fast noch besser. Und: Es ist wichtig, dass man einen Kürbis wählt, bei dem die Schale mitgegessen werden kann, weil sie der Lasagne den gewissen Biss und eine schöne Struktur gibt.

## Herbstliche Obstpizza

*Dieses Rezept wurde aus der Not geboren, ein paar überreife Khakis und die letzten dunkelroten Himbeeren vom Obstbauern zu verwerten. Bei Kindern ist es der Hit, der Teig lässt sich außerdem schon morgens schnell zusammenkneten und mittags dann prima verarbeiten.*

**Für den Teig: 300 g Mehl • ½ TL Salz • 3 EL Zucker • ½ TL Backpulver • 2 EL neutrales Öl**
**Für den Belag: 150 ml Milch • 1 Becher Crème fraîche • 1 EL Vanillezucker • 2 Khaki-Früchte • 1 Handvoll späte Himbeeren • 1 Handvoll Weintrauben aus dem Weinberg**

**1 Blech**
**30 Min. + 1 Stunden Kühlzeit**

Das Mehl mit Salz, Zucker und Backpulver vermischen. Öl und Milch zugeben und alles zu einem glatten Teig verkneten. Diesen zu einer Kugel formen und 1 Stunde im Kühlschrank ruhen lassen. Den Backofen auf 200 Grad Ober-/Unterhitze vorheizen. Ein Backblech mit Backpapier auslegen und den Teig darauf relativ dünn ausrollen. Crème fraîche mit dem Vanillezucker verrühren und auf den Teig streichen. Die Khaki-Früchte schälen, in Scheiben schneiden und auf der Pizza verteilen. Die Himbeeren und Weintrauben locker dazwischenstreuen. Die Obstpizza 20 Min. backen und noch warm verzehren.

## Rote-Bete-Flammkuchen

*Ein Experiment aus meiner Resteküche, als ich nur noch alten Ziegenfeta, eine Rolle Blätterteig und ein paar Knöllchen Rote Bete im Kühlschrank hatte, aber noch ein schnelles Mittagessen für zwei brauchte. Wichtig: reichlich frisch gemahlener Pfeffer.*

**1 Rolle Blätterteig • 1 Packung Ziegenfeta • 2–3 EL Milch • 2–3 Knollen Rote Bete • 3 EL Olivenöl • Salz • Pfeffer, frisch gemahlen**

**4–6 Portionen**
**30 Min.**

Den Backofen auf 180 Grad Umluft (200 Grad Ober-/Unterhitze) vorheizen. Den Blätterteig auf ein mit Backpapier ausgekleidetes Backblech legen. Den Ziegenfeta mit einer Gabel zerdrücken, mit der Milch zu einer glatten Masse rühren und auf den Blätterteig streichen. Rote Bete schälen und in möglichst dünne Scheiben schneiden. Gleichmäßig auf der Fetamasse verteilen und mit etwas Olivenöl bepinseln. Ein wenig salzen und gut frisch gemahlenen Pfeffer drübergeben. Den Rote-Bete-Flammkuchen 20 Min. backen, bis die Fetamasse anfängt zu bräunen und die Rote-Bete-Scheiben sich knusprig wellen. Wer mag, kann über den fertigen Kuchen 1 Handvoll Rukola geben.

**KÜCHENKINDER** schälen die Rote Bete und verrühren Feta mit der Milch.

# Kürbis-Kartoffel-Spalten aus dem Ofen

*Anstatt im Herbst sofort die Heizung aufzudrehen und meine Gasrechnung in die Höhe zu treiben, versuche ich zwei Fliegen mit einer Klappe zu schlagen und mache den Backofen an. Ich kann Kürbisfans nachstehendes Rezept daher wärmstens empfehlen.*

🛍 1 mittelgroßer Hokkaido • 4 festkochende Kartoffeln • 2 EL Olivenöl • 2 Schalotten • etwas Fleur de Sel • Pfeffer, frisch gemahlen • 1 Zweig frischer Rosmarin

🍴 4 Portionen
🕐 50 Min.

➤ Den Ofen auf 180 Grad Umluft (200 Grad Ober-/Unterhitze) vorheizen. ➤ Den Kürbis waschen, vierteln und entkernen. Kürbis in Spalten schneiden. ➤ Die Kartoffeln schrubben und ebenfalls in Spalten schneiden. Alles zusammen auf das Backblech geben, das Olivenöl drüberträufeln und mit den Händen gründlich vermengen. Darauf achten, dass zum Schluss Kartoffeln und Kürbis wieder gut verteilt auf dem Blech liegen. ➤ Die Schalotten halbieren und zwischen die Gemüsespalten legen. Mit etwas Fleur de Sel, frisch gemahlenem Pfeffer und Rosmarinnadeln überstreuen und 45 Min. im Ofen backen. Zum Servieren mit Fruchtessigreduktion (Seite 115) überträufeln.

## Kürbiskern-Armbänder

Für hübsche Kürbiskernarmbänder breitet man die anfallenden Kürbiskerne flach auf dem Backblech aus und lässt sie im noch warmen Backofen trocknen. Mit einem feinen Handbohrer für Holz mittig kleine Löcher reinbohren und die Kerne immer abwechselnd mit einer Holzperle auf festen Silberdraht auffädeln. Zu Schluss mit Perlen und Armbandverschlüssen versehen – fertig ist das Kürbiskernarmband. Für Geschenkanhänger verzichtet man auf die Verschlüsse und schließt den Kreis mit einer Perle sowie doppelt gedrehtem Draht.

# Fruchtessigreduktion

*Wer es very british mag, macht zu den Kürbis-Kartoffel-Spalten eine Fruchtessigreduktion – über die Spalten geträufelt erlebt das Gericht den »Fish-and-Chips«-Effekt und schmeckt gleich noch würziger. Die Reduktion hält sich lange und ist gut als Basis für fruchtige Salatsaucen.*

🛍 200 ml Johannisbeeressig • 200 ml Orangensaft • 2 EL Ahornsirup • 1 TL frisch geriebener Ingwer

🍴 Für den Vorrat
🕐 40 Min.

➤ Alle Zutaten in einen Topf geben und bei mittlerer Flamme so lange kochen, bis sich die Menge gedrittelt hat und die Flüssigkeit sehr zäh ist. ➤ Umrühren und in eine sterilisierte Flasche geben.

# Linsen mit Spätzle und Saiten

*In Herbst und Winter sind Linsen eine wunderbare Alternative zu düngerbelastetem Gemüse aus weit entfernten Ländern. Eine schwäbische Spezialität sind Linsen mit Spätzle und Saiten. Wer es eilig hat, darf statt selbst gemachter Spätzle ein Fertigprodukt aus dem Kühlregal verwenden.*

 **Für die Spätzle:**
**300 g Weizenmehl**
**4 Eier**
**1–2 TL Salz**
**etwas Muskatnuss, frisch gerieben**
**8 EL Sprudelwasser**
**Für das Linsengemüse:**
**250 g Alblinsen**
**1 l Gemüsebrühe**
**1 Zwiebel**
**½ EL Butter**
**Salz**
**Pfeffer**
**ein Schuss Balsamico**
**4–8 Saiten (Wiener Würstchen)**

**4 Portionen**
**1 ½ Stunden**

Die Zutaten für die Spätzle zu einem dickflüssigen Teig rühren. Mit einem Kochlöffel so lange aufschlagen, bis er Blasen wirft. Den Teig zugedeckt 1 Stunde ruhen lassen. In der Zwischenzeit die Linsen zubereiten. Die Alblinsen in der Gemüsebrühe circa 45 Min. weich kochen. Die Zwiebel abziehen, fein hacken und in der Butter anbraten. Die gegarten Linsen zu den Zwiebeln geben. Mit Salz, Pfeffer sowie einem Schuss Balsamico abschmecken. Einen großen Topf mit reichlich Salzwasser aufsetzen. Wenn das Wasser kocht, ungefähr 2 EL des Spätzleteigs auf ein Holzbrett streichen und mit einem scharfen Messer lange Streifen davon in das Wasser schaben. Wenn die Spätzle oben schwimmen, diese mit dem Schaumlöffel rausnehmen, mit klarem Wasser abspülen und in einer vorgewärmten Schüssel warm halten. Den Vorgang wiederholen, bis der Teig aufgebraucht ist. Je eine Portion Linsen und eine Portion Spätzle auf einem vorgewärmten Teller anrichten und ein paar Saiten (für Neigschmeckte und Auswärtige: Wienerle) dazugeben.

**VARIANTE** Vegetarier genießen das Linsengemüse mit ein paar Würfeln gebratenem Räuchertofu oder Seitanwürstchen.

# Erntedank

Mein Lieblingsfest im Herbst ist Erntedank. Heutzutage erscheint es vielleicht nicht mehr zeitgemäß, für eine reichhaltige Ernte zu danken, denn es gibt von allem mehr als genug. Dennoch ist Erntedank für mich ein Moment des Innehaltens. Der Jahreskreis von Wachstum und Ernte schließt sich, bevor die Natur sich in den Winterschlaf begibt. Und schließlich kann man für vieles danken, für eine gesunde Familie und gute Freunde, den Arbeitsplatz und das Dach überm Kopf. Da mein Geburtstag in die Erntedankzeit fällt, verbinde ich beide Ereignisse gerne zu einem kleinen Fest für Freunde. Die Kinder haben großen Spaß daran, in Feld und Wald nach Dekoration für den Gabentisch zu suchen. Es gibt Flammkuchen und Weißwein, selbst gebackenes Brot, Zwetschgenmarmelade, Appenzeller mit frischen Feigen und fröhliches Beisammensein für alle.

# Selbst gebackenes Buttermilchbrot

*Nichts geht über frisches Brot aus dem Ofen. Auch wenn der Bäcker das sehr gut kann und die ersten eigenen Versuche oft in die Hose gehen: weiterprobieren! Kinder kneten übrigens sehr gerne Teig – wunderbar, denn kneten ist das A und O beim Brotbacken.*

**200 g Dinkelvollkornmehl · 300 g Weizenmehl · 100 g Haferflocken · 5 g Zucker · 1 TL Salz · 1 Würfel frische Hefe · 250–300 ml zimmerwarme Buttermilch · 125 g Magerquark · Öl für das Blech · Haferflocken zum Bestreuen**

**2 Baguettes**
**1 Stunde + 1 Stunde Gehzeit**

Die trockenen Zutaten gründlich miteinander vermischen. ➤ Die Hefe in der zimmerwarmen Buttermilch auflösen. Magerquark dazugeben und gründlich unterrühren. ➤ Dann die feuchten zu den trockenen Zutaten geben und alles mindestens 10 Min. lang verkneten. ➤ Den Teig 15 Min. gehen lassen, danach wieder verkneten. Diesen Vorgang insgesamt viermal wiederholen. ➤ Den Ofen auf 250 Grad Ober-/Unterhitze vorheizen. ➤ Aus dem Teig zwei Baguettes formen und diese oben mehrmals quer einritzen. Das Backblech einfetten, die Teiglinge drauflegen und zugedeckt noch mal wenige Minuten gehen lassen. ➤ Die Baguettes mit angefeuchteten Händen bestreichen und mit Haferflocken bestreuen. ➤ Eine Wasserschale in den heißen Ofen stellen, das Blech mit den Broten dazugeben und die Temperatur auf 200 Grad zurückschalten. Die Brote 30 Min. backen. ➤ Noch mal mit Wasser bestreichen und weitere 10 Min. backen. Das abgekühlte Brot schmeckt am besten frisch mit gesalzener Butter und selbst gemachter Marmelade.

**VARIANTE** Will man das Brot spontan backen, hat aber keine Buttermilch im Haus, kann man auch normale Milch verwenden und diese durch Zusatz von zwei Spritzern Zitronensaft leicht säuern.

# Vegetarischer Flammkuchen mit Trauben

*Flammkuchenvarianten gibt es unzählige, und ich experimentiere jedes Jahr, weil ich immer noch die ultimative Teigvariante suche. Hier habe ich sie gefunden: ein einfacher Teig, der wegen des hohen Wasseranteils schön knusprig wird. Man kann mit ihm auch super Grissini backen!*

**300 g Mehl** · **½ TL Salz** · **1 ½ EL Distelöl** ·
**etwa 150 ml Wasser** · **150 g rote Zwiebeln** ·
**100 g gelbe Zwiebeln** oder **Schalotten** ·
**2 Handvoll Trauben** · **300 g Schmand** ·
**etwas Salz** · **Muskatnuss, frisch gerieben** ·
**schwarzer Pfeffer**

**1 großes Blech**
**30 Min. + 1 Stunde Ruhezeit**

Das Mehl mit dem Salz vermengen, nach und nach Öl sowie Wasser zugeben und alles zu einem glatten Teig verkneten. Den Teig in ein Stück Frischhaltefolie wickeln und 1 Stunde im Kühlschrank ruhen lassen. ➤ In der Zwischenzeit die Zwiebeln abziehen, vierteln und in Ringe schneiden. Die Trauben halbieren, gegebenenfalls entkernen. ➤ Schmand mit Salz, Muskat sowie frisch gemahlenem Pfeffer würzen und glatt rühren. ➤ Den Ofen auf 250 Grad (Ober- und Unterhitze) vorheizen. Ein Backblech einfetten und mit etwas Mehl bestäuben. ➤ Den Teig aus dem Kühlschrank nehmen und sofort auf dem Backblech ausrollen. Mit der Schmandmischung bestreichen, mit den Zwiebeln reichlich belegen. Trauben locker darauf verteilen und auf der mittleren Schiene 10–15 Min. knusprig backen.

**KÜCHENKINDER** dürfen Teig kneten, den Schmand rühren,h den Flammkuchen belegen und natürlich Trauben naschen.

# Schnelle Zwetschgenmarmelade für kleine Schleckermäuler

*Das nachfolgende Rezept ist einfach und schnell gemacht und gut geeignet, wenn es auf dem Markt Ende September wieder den großen Zwetschgenausverkauf gibt. Auch wenn sich die Pfläumchen im Discounter-Großpack als allzu reif herausstellen, ist die Marmelade eine gute Verwertungsidee.*

🛍 **1 ½ kg Zwetschgen** • **1 TL Zimtpulver** •
**250 g Rohrohrzucker** • **400 g Gelierzucker**

🍴 **3 Gläser Marmelade**
🕐 **10 Min. + Ruhezeit**

➤ Die Zwetschgen waschen, halbieren, entkernen und klein geschnitten in einen großen Marmeladentopf geben. ➤ Rohrohrzucker und Gelierzucker über die Zwetschgen geben und ziehen lassen, bis sie etwas Saft abgegeben haben. Dann die Marmelade zum Kochen bringen. Das Zimtpulver dazugeben und die Marmelade unter Rühren ca. 10 Min. kochen. (Gelierprobe machen.) ➤ Die Marmelade noch heiß in Gläser füllen. ➤ Wer keine stückige Marmelade mag, püriert die Zwetschgen, wenn diese Saft gezogen haben und kocht dann das Püree zur Marmelade.

**VARIANTE** Das Rezept funktioniert auch mit anderen Pflaumensorten, ist aber mit Zwetschgen am würzigsten.

# Appenzeller mit frischen Feigen

*Feigen haben im Herbst Saison und sind mittlerweile auch im Discounter zu haben. Wichtig ist darauf zu achten, dass die Früchte noch glänzend und fest sind – überreife Feigen haben eine milchige Außenhaut und diverse Druckstellen.*

🛍 **500 g Appenzeller** • **1 kg Feigen** •
**1 dekoratives Holzbrett**

🍴 **6–8 Personen**
🕐 **10 Min.**

➤ Den Appenzeller in feine Scheiben hobeln, die Feigen waschen und vierteln und auf dem Holzbrett anrichten. ➤ Dazu passen das Buttermilchbrot, Weißwein oder Federweißer und für die Kinder frischer Apfelsaft vom Bauern.

# Vegetarischer Hot-Pot

*Ein Auflauf mit dem Besten, was der Herbst an Gemüse zu bieten hat. Wurzelgemüse ist günstig, regional angebaut und sogar in Bioqualität absolut bezahlbar. Das Original diese Gerichtes wird mit Lammfleisch zubereitet, aber es darf auch mal fleischlos sein – für den Veggie-Day.*

2 Gemüsezwiebeln
4 Möhren
1 kleine Steckrübe
3 Pastinaken
2 EL Rapsöl
5 EL Weizenmehl
750 ml Gemüsebrühe
1 EL Thymianblättchen
300 g Austernpilze
3 EL Butter **oder** Margarine
1 Zweig Rosmarin
1 kg mehlig kochende Kartoffeln
Salz
Pfeffer, frisch gemahlen

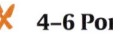
4–6 Portionen
30 Min. + 45 Min. Garzeit

Die Zwiebeln abziehen, halbieren und in Ringe schneiden. Das Wurzelgemüse putzen und in mundgerechte Scheiben schneiden. Zwiebeln im Rapsöl anbraten, bis sie goldgelb sind. Wurzelgemüse dazugeben, kurz mitbraten. Mit Mehl überstäuben und rühren, bis das Mehl alle Flüssigkeit aufgesaugt hat. Mit der Gemüsebrühe ablöschen. Thymian zugeben und 10 Min. köcheln lassen. Die Austernpilze kurz abbürsten. In einer separaten Pfanne Butter erhitzen und Rosmarin zugeben. Pilze hinzufügen und von beiden Seiten knusprig anbraten. Den Ofen auf 200 Grad Umluft (220 Grad Ober-/Unterhitze) vorheizen. Die Kartoffeln schälen und in sehr dünne Scheiben schneiden. Die Gemüsemasse mit Salz und Pfeffer abschmecken, und abwechselnd mit den Austernpilzen in eine Auflaufform geben. Die Kartoffelscheiben daraufschichten, die Butter in kleinen Stückchen auf die Kartoffeln setzen. Im Ofen ca. 45 Min. backen, bis die Kartoffeln knusprig sind.

**KÜCHENKINDER** schälen, putzen, schnippeln und schauen zu, wie aus bleichen Kartoffeln knusprige Chips werden.

# Linsendhal mit Basmatireis

*Linsen sind proteinreich, eine gute Alternative zu Fleisch und für jede Art von Küche zu haben, ob deftige-deutsch oder auch exotisch-indisch. Dhal ist ein schnelles Gericht, das nur ein paar Zutaten aus dem Vorratsschrank benötigt – gut für kulinarische Notfälle und bei Zeitdruck.*

**250 g rote oder gelbe Linsen · 1 Zwiebel · 1 EL Butter · 600 ml Gemüsebrühe · 3 EL Tomatenmark · 1 EL Currypulver · 1 TL Kreuzkümmel · 1 TL Kurkuma · 1 TL Salz · 250 g Basmatireis · 1 Handvoll Cashewkerne**

**4–6 Portionen**
**30 Min.**

Linsen abspülen und abtropfen lassen. Zwiebel abziehen, fein hacken und in der Butter goldgelb anbraten. Mit der Gemüsebrühe ablöschen. Linsen, Tomatenmark und alle Gewürze außer dem Salz dazugeben. Auf kleiner Flamme so lange köcheln lassen, bis die Linsen weich, fast schon breiig gekocht sind. In der Zwischenzeit den Basmatireis nach Packungsanweisung kochen. Wichtig ist es, den Reis vor dem Kochen gründlich zu waschen, damit er nicht zu klebrig, sondern locker wird. Das Dhal zum Schluss mit Salz abschmecken. Die Cashewkerne grob hacken und in einer Pfanne rösten und vor dem Servieren über das Dhal geben. Dazu passt Raitha (siehe unten).

# Schnelle Joghurt-Raitha

*Ich mache diese erfrischende Joghurtsauce gerne zu indischen Gerichten. Sie ist der ideale Begleiter zu Dhal. Ist die Gurkenzeit vorüber, kann man die Raitha auch mit extra fein gehackten Zwiebeln herstellen – besonders gut in der Infektzeit, Zwiebeln sind nämlich antibiotisch.*

**1 Becher Naturjoghurt · 1 TL Kreuzkümmel · etwas Salz · ½ Salatgurke**

**4 Portionen**
**15 Min.**

Joghurt in eine Schüssel geben, mit dem Kreuzkümmel und dem Salz verschlagen. Die Salatgurke schälen, entkernen und in den Joghurt raspeln. Einen Klecks von der Raitha beim Servieren auf das Linsendhal geben. Die Raitha kann man von größeren Kinder schon alleine herstellen lassen, denn sie ist wirklich einfach zu machen.

**VARIANTE** Bei der Verwendung von Zwiebeln diese abziehen, fein hacken oder reiben und ebenfalls in den Joghurt geben.

# Rinderbraten mit Senfsauce

*Wie gelingt es einem, dass es allen schmeckt und dass man keine Reste übrig hat? Man lädt sich einfach so viele Leute wie möglich ein, kocht vernünftige Portionen und verzehrt diese in geselliger Runde. Dieser Braten war der Klassiker bei den Sonntagsessen meiner Oma und immer restlos verzehrt.*

🛍 **1 EL Öl • 1 EL Butter • 1 kg durchwachsenes Rindfleisch aus der Region • 4 große Zwiebeln • 1 EL Senf • Salz • Pfeffer, frisch gemahlen • 1 EL Paprikapulver • 1 Becher Sahne**

🍴 **4–6 Portionen**
🕐 **20 Min. + 1 ½ Stunden Garzeit**

➤ Den Ofen auf 180 Grad Umluft (200 Grad Ober-/Unterhitze) vorheizen. ➤ In einem Bräter Öl und Butter erhitzen und das Fleisch von allen Seiten scharf anbraten. ➤ Zwiebeln abziehen, vierteln und in Ringe schneiden. Das Fleisch aus dem Bräter nehmen und etwas abkühlen lassen. Im Bodensatz des Bräters die Zwiebeln gelb dünsten, eventuell noch etwas Fett zugeben. ➤ Das Fleisch mit Senf einreiben, salzen, pfeffern und mit dem Paprikapulver bestäuben. Das Fleisch auf die Zwiebeln setzen, die Sahne angießen und den Bräter verschließen. Den Rinderbraten 1 ½ Stunden im Backofen bei 180 Grad schmurgeln lassen. ➤ Anschließend das Fleisch bis zum Schneiden ruhen lassen. Den Bratensatz aus Zwiebeln, Sahne sowie Fleischsaft pürieren, mit Salz und Pfeffer abschmecken.

# Oma Marias Blumenkohlsalat

*Blumenkohl ist als Beilage oft eine verkochte, traurige Angelegenheit. Als Salat aber macht er eine gute Figur, wenn man ihn nämlich nur bissfest kocht, bewahrt er seine Eleganz, Inhaltsstoffe und seinen Geschmack. Der Klassiker meiner Großmutter muss am Vortag zubereitet werden.*

🛍 **1 schöner Blumenkohl • etwas Zitronensaft • ½ Zwiebel • 100 g Schmand oder saure Sahne • 2–3 EL Joghurt • 1 EL Öl • 1 EL Kräuteressig • Salz • Pfeffer, frisch gemahlen • frische Petersilie**

🍴 **4–6 Portionen**
🕐 **30 Min. + 12 Stunden Ziehzeit**

➤ Den Blumenkohl unter Zusatz von Zitronensaft je nach Größe 10–15 Min. in sprudelndem Salzwasser bissfest garen. Abgießen und sehr gut abtropfen lassen. ➤ Die Zwiebel abziehen und auf einer Reibe fein reiben. Zwiebeln, Schmand, Joghurt, Öl und Kräuteressig verrühren. Mit Salz und Pfeffer abschmecken. ➤ Blumenkohl in eine große Schüssel legen, mit der Sauce gleichmäßig übergießen und über Nacht ziehen lassen. ➤ Immer wieder die heruntergelaufene Sauce über den Kohlkopf verteilen. Die Petersilie fein hacken und den Blumenkohl vor dem Servieren damit bestreuen. Die einzelnen Portionen mit einem großen Löffel herunterstechen.

# Linseneintopf ▸ Gutes von Früher ◂

*Linsen sind eine günstige und nahrhafte Alternative zu Fleisch, und daher koche ich diesen Eintopf auch ohne Fleischeinlage. Für die Kinder kann man beim Servieren ein paar Wienerle reinschneiden. Ich mag die Suppe mit einem großzügigen Schuss Kräuter- oder Balsamicoessig.*

🛍 **250 g Berglinsen • 2 große Möhren •
½ Sellerieknolle • 1 Stange Lauch •
4 festkochende Kartoffeln • 1 l Gemüsebrühe • Salz • Pfeffer, frisch gemahlen •
1 Handvoll frische oder 3 EL gefrorene
Petersilie • Optional: Balsamicoessig**

🍴 **1 großer Suppentopf**
🕐 **15 Min. + 45 Min. Garzeit**

▸ Die Berglinsen abspülen. ▸ Möhren und Sellerie putzen und in kleine Würfel schneiden. Den Lauch halbieren, gründlich reinigen und in Ringe schneiden. Die Kartoffeln schälen und würfeln. ▸ Das Gemüse mit den Linsen in der Gemüsebrühe ansetzen. Nicht zusätzlich salzen! Aufkochen und 45 Min. köcheln lassen. Dann mit Salz sowie Pfeffer abschmecken und die Petersilie dazugeben. Mit Balsamicoessig servieren.

**KÜCHENKINDER** dürfen Kartoffeln schälen, Linsen waschen und Möhren schälen.

# Gulaschsuppe ▸ Gutes von Früher ◂

*In meiner Kindheit war Gulaschsuppe das klassische Samstagsessen zwischen Gartenarbeit oder Heimwerkertätigkeiten. Die Suppe schmeckt aufgewärmt sogar noch besser. Im goldenen Oktober kann man damit gut die letzten Paprika aus dem Garten verwerten.*

🛍 **1 kg Rindfleisch aus der Region • 2 Bund
Suppengrün • 4 bunte Paprika • 1 kg
Zwiebeln • Öl zum Braten • etwas Mehl •
2 EL scharfes Paprikapulver • 2 EL süßes
Paprikapulver • 1 ½ l Wasser • 2 TL Bio-
Gemüsebrühepulver • 1 kg Kartoffeln •
Salz**

🍴 **1 großer Suppentopf**
🕐 **30 Min. + 1 ½ Stunden Garzeit**

▸ Rindfleisch in kleine Würfel schneiden. ▸ Suppengrün putzen, sehr klein würfeln. Paprikaschoten und Zwiebeln fein hacken. ▸ Das Fleisch in etwas Öl scharf anbraten. Zwiebeln zugeben und unter Rühren mitbraten, bis sie glasig sind. Mit etwas Mehl und Paprikapulver überstäuben, umrühren, mit ca. 1 ½ l Wasser ablöschen. Suppengrün, zerkleinerte Paprika und Brühenpulver zugeben, 1 ½ Stunden köcheln lassen. ▸ Circa 20 Min. vor Ende der Garzeit die Kartoffeln schälen, klein würfeln und in die Suppe geben. Mit Salz abschmecken.

**KÜCHENKINDER** dürfen Gemüse schnippeln, Suppe umrühren, Brot als Beilage schneiden.

# Sauerkraut selber machen

*Was mich bei regionalem Gemüse überzeugt ist der Preis. Ein Riesenkopf Kraut kostet beispiels-*
*weise weniger als ein Coffee-to-go. Davon essen wir dann bis zu acht Mahlzeiten! Noch besser*
*wird es, wenn man Sauerkraut selber herstellt, das man eingekocht sogar lange aufheben kann.*

**1 großer Kopf Filderkraut oder 2 Köpfe**
**normaler Weißkohl • 1–2 säuerliche**
**Äpfel • Zitronensaft • reichlich Salz •**
**2 Handvoll Kümmel • 1 Becher Molke •**
**2–4 sterilisierte Deckel von Weckgläsern**
**(je nach Größe des Gärtopfs)**

**1 Gärtopf (25 l)**
**ein paar Wochen**

➤ Vom Kohl die äußeren Blätter entfernen und die schönsten aufheben, um damit später das Kraut abzudecken. ➤ Das Kraut nicht zu fein hobeln, beispielsweise mit der Küchenmaschine. ➤ Die Äpfel schälen, entkernen, in feine Scheiben schneiden und in Wasser, das mit einem Schuss Zitronensaft versetzt wurde, lagern. ➤ Das gehobelte Kraut im Gärtopf einstampfen. Das geht mit der flachen Seite eine Fleischklopfers oder auch einfach mit Hilfe der Fäuste. Immer eine Schicht stampfen, bis Saft austritt, dann etwas Salz sowie Kümmel dazugeben und dann die nächste Schicht darüberstampfen. So lange, bis alles Kraut verbraucht ist. Bei jeder dritten Schicht ein paar Apfelscheiben dazugeben. ➤ Die Molke über das Kraut gießen, das Gärgut mit den großen, gewaschenen Krautblättern sowie sterilisierten Deckeln von Weckgläsern bedecken und den Gärtopf verschließen. ➤ In die Rille des Gärtopfs etwas abgekochtes Wasser geben. ➤ Damit die Gärung in Gang kommt, den Topf erstmal bei Zimmertemperatur aufstellen. ➤ Nach 1–2 Wochen, wenn der Topf leise Blubbgeräusche von sich gibt, diesen auf den Dachboden bzw. in den Keller, auf jeden Fall aber frostfrei und nicht kälter als 10 Grad, stellen. Während der Reifezeit den Topf regelmäßig prüfen und etwaige weißliche Gärflüssigkeit in der Rille entfernen. Diese wieder mit frisch abgekochtem Wasser füllen. ➤ Nach 5 Wochen Gärzeit ist das Kraut fertig und kann eingekocht werden.

➤ Zum Einkochen gibt man das Kraut inklusive etwas Gärflüssigkeit in sterilisierte Einweckgläser. Die Deckel mit Gummiringen versehen, auflegen und festklammern. ➤ Den Ofen auf 180 Grad Umluft vorheizen und Gläser in den Ofen stellen. Immer ein Schälchen Wasser dazu stellen, damit die Gummiringe im Ofen nicht spröde werden. Wenn die Flüssigkeit in den Gläsern anfängt zu perlen, verbleiben die Gläser noch 20 Min. im Ofen. ➤ Das auf diese Art einkochte Sauerkraut hält mindestens 1 Jahr.

# Sauerkrautauflauf mit Hackfleisch und Kartoffelpüree

*Hier noch mein Lieblingsrezept mit Sauerkraut, jetzt wo wir es schon mal gemacht haben … Es ist wirklich beste Hausmannskost und ein klassisches Samstagsessen. Toll: Hier kann man übrig gebliebene Reste von Kartoffelpüree verwerten.*

**300 g Bio-Hackfleisch, gemischt**
**1 Zwiebel**
**Butter**
**etwas Paprikapulver**
**Salz**
**Pfeffer, frisch gemahlen**
**1 TL Senf**
**1 EL Semmelbrösel**
**2 × 500-ml-Gläser selbst gemachtes Sauerkraut**
**250–300 g Kartoffelpüree vom Vortag**

**1 Auflaufform**
**15 Min. + 45 Min. Garzeit**

Das Hackfleisch aus der Packung nehmen und mit der Gabel auflockern. Den Ofen auf 190 Grad Umluft (210 Grad Ober-/Unterhitze) vorheizen. Die Zwiebel abziehen, fein wiegen und in etwas Butter glasig dünsten. Das Fleisch dazugeben und krümlig anbraten. Mit Paprikapulver, Salz sowie Pfeffer abschmecken. Senf und Semmelbrösel unterrühren. Eine Auflaufform einfetten. Als unterste Schicht das Hackfleisch geben, darüber das Sauerkraut und als letzte Schicht das Kartoffelpüree. Den Auflauf 45 Min. im Ofen backen, bis das Püree goldgelb ist.

**KÜCHENKINDER** öffnen die Sauerkrautgläser, schichten den Auflauf und decken den Tisch.

**VARIANTE** Für einen vegetarische Auflauf statt Hackfleisch 200 g Sojaschnetzel in 100 ml Gemüsebrühe sowie 2 EL Sojasauce einweichen. Überschüssige Flüssigkeit abschütten und die Schnetzel statt des Hackfleischs krümelig anbraten, zusätzlich noch ½ TL Kreuzkümmel dazugeben und weiter wie im Rezept verfahren.

# WINTER

# Porridge mit Trockenfrüchten

*Ein warmes Frühstück im Winter ist was Feines. Zeit für ein Comeback von Porridge – frisch von der Insel. Und anstatt zu Importtrauben, Pestizid-Erdbeeren oder Flugpflaumen zu greifen, dekorieren wir es mit Trockenfrüchten, die nicht nur nachhaltiger, sondern auch voller Mineralstoffe sind.*

🛍 **3 Handvoll gemischtes Trockenobst ·**
**500 ml Wasser · 200 g Haferflocken ·**
**½ TL Salz**

🍴 **4 Portionen**
🕐 **20 Min.**

➤ Das Trockenobst im Sieb unter fließendem Wasser abspülen, falls geschwefeltes Obst verwendet wird. Dann mit etwas kochendem Wasser übergießen und quellen lassen. ➤ 500 ml Wasser in einem Topf zum Kochen bringen, Haferflocken sowie Salz einrühren und 10 Min. köcheln lassen. ➤ Das fertige Porridge auf 4 Schüsseln oder Teller verteilen, die Trockenfrüchte darauf anrichten und servieren.

**VARIANTE** Für Kinder ein wenig Ahornsirup oder Sahne über den Brei gegeben.

# Selbst gemachte Milchschnitte

*Kinder sind eine wunderbare Zielgruppe für Lebensmittelmarketing: Sie lieben es süß, bunt und extravagant. Meine Mutter hat sich früher immer geweigert, mir einen der überteuerten Riegel zu kaufen und kurzerhand folgendes Rezept als Ersatz für einen der beliebtesten Pausensnacks erfunden.*

🛍 **4 EL Frischkäse · 1 EL Magerquark ·**
**1 EL Ahornsirup · etwas echte Vanille ·**
**2 Scheiben feinster Pumpernickel**

🍴 **2–3 Stück**
🕐 **10 Min. + 30 Min. Kühlzeit**

➤ Den Frischkäse und den Quark zusammen mit dem Ahornsirup und der Vanille zu einer glatten Masse verrühren. ➤ Die Masse auf eine der Pumpernickelscheiben streichen, dabei etwas Platz zum Rand frei lassen. Die zweite Scheibe andrücken und eventuell am Rand mit einem scharfen Messer glätten. ➤ Die Schnitte 30 Min. in den Kühlschrank stellen, bis die Creme fest ist und dann mit einem scharfen Messer halbieren oder gar dritteln. Je in klassisches Butterbrotpapier einwickeln und verschnüren.

**KÜCHENKINDER** helfen bei der Herstellung der gesunden Milchschnittchen natürlich mit.

## French Toast

*Klassische Resteverwertung für altes Weißbrot, Hefegebäck und sogar altbackenes Croissant. Wer keine Lust hat, morgens durch das Schneegestöber zum Bäcker zu laufen, um frische Semmeln zu kaufen, kann hier Reste aus dem Brotkasten in ein wirklich leckeres Frühstück verwandeln.*

4 Handvoll altes Weißbrot **oder** Gebäck •
4 Eier • 8 EL Milch • 2 TL Vanillezucker •
Butter • Zimtzucker

**4 Portionen**

**15 Min.**

Das Gebäck in Scheiben schneiden. Die Eier in einem flachen Teller mit der Milch sowie dem Vanillezucker verquirlen. Die Gebäckscheiben in der Eimischung hin und her wenden, bis sie sich vollgesogen haben. Etwas Butter in einer Pfanne erhitzen und die Brotscheiben darin von allen Seiten goldbraun anrösten. French Toast noch heiß in Zimtzucker wenden und servieren. Dazu passen Orangen- oder Mandarinenschnitze oder Apfelmus.

**KÜCHENKINDER** rühren die Eiermilch und weichen die Brotscheiben ein.

## Katinkas Nusscrisp

*Ein Rezept meiner lieben Schwester, die nach einer Verwertung diverser Nussreste suchte, die noch von der Weihnachtsbäckerei übrig waren. Wem die festlichen Gewürze noch nicht zu den Ohren rauskommen, kann neben braunem Zucker auch einen halben Teelöffel Zimtpulver dazugeben.*

1 Handvoll Walnusskerne • 1 Handvoll
gemischte Nussreste (z.B. Paranuss,
Cashewkerne) • 2 EL Butter • 5 EL
brauner Zucker • 1 Handvoll grobe
Haferflocken

**1 große Weckglas**

**15 Min. + Zeit zum Abkühlen**

Die Walnüsse und Nussreste grob hacken. Die Butter in einer Pfanne bei mittlerer Temperatur erhitzen, den Zucker dazugeben und diesen schmelzen. Wenn der Zucker aufschäumt, Haferflocken und Nüsse unterrühren, sodass alles mit dem karamellisierten Zucker bedeckt ist. Unter ständigem Rühren 5 Min. rösten, bis der gewünscht Knuspergrad erreicht ist. Abkühlen lassen und zerbrechen. Nusscrisp in ein großes Glas geben.

**KÜCHENKINDER** lieben den Nusscrisp als vorweihnachtliche Nascherei.

## Hausgemachte Baked Beans

*In London habe ich aus Geldmangel sehr oft Baked Beans on Toast gegessen. Ich war in der Kantine nur noch als Sa-bean bekannt und wurde zu einem wahren Experten für die Eigenarten der verschiedenen Marken. Am besten waren aber die selbst gemachten Bohnen meiner Freundin Eve.*

**250 g Cannellini-Bohnen**
**1 Zwiebel**
**1 EL neutrales Öl**
**1 Dose gehackte Tomaten**
**1 EL Sojasauce**
**2 EL Ahornsirup**
**2 EL Balsamico-Essig**
**1 Prise Salz**
**1 TL Paprikapulver**
**2 EL Ketchup**
**Pfeffer, frisch gemahlen**

**4–6 Portionen**
**1 Stunde + 12 Stunden Einweichzeit**

*GRÜSSE von der INSEL*

Die getrockneten Bohnen am Vortag in einen Topf mit warmem Wasser geben und über Nacht einweichen lassen. Am nächsten Tag das Einweichwasser abgießen, die Bohnen waschen und in frischem Wasser OHNE Salz 40 Min. weich kochen. Falls Schaum entsteht, diesen mit einem Schaumlöffel abschöpfen. Wer es ganz eilig hat, kann natürlich auch morgens zwei Dosen vorgekochte Cannellini-Bohnen öffnen und damit loslegen. Die Zwiebel abziehen, fein hacken, in einem separaten Topf in etwas Öl andünsten und die gehackten Tomaten, Sojasauce, Ahornsirup, Essig, Salz, Paprikapulver sowie den Ketchup dazugeben. Die Sauce etwas einkochen lassen, dann die gegarten Bohnen dazugeben. Auf kleiner Flamme circa 20 Min. ziehen lassen. Mit etwas Salz und Pfeffer abschmecken. Noch warm servieren. Die Bohnen kann man übrigens gut vorbereiten, denn aufgewärmt haben sie noch einen intensiveren Geschmack.

**TIPP**  Besonders toll sind Baked Beans natürlich als Teil eines Full English Breakfasts. Dazu gehören neben frischem Toast, kleine Bratwürstchen, ein paar Scheiben Bacon oder geröstete Pilze, ein Glas frisch gepresster Orangensaft sowie natürlich eine große Kanne Assam oder Darjeeling.

# Nussburger

*Apfelmus auf einem Brot klingt ein wenig verrückt, aber dank gemahlener Mandeln wird ganz schnell ein schöner Fruchtaufstrich draus, den man – hurra – gleich mit den letzten Resten Apfelmus, die noch im Glas kleben, herstellen kann.*

🛍 1 Dinkelvollkornbrötchen • 2 EL Apfelmus • 2 EL gemahlene Mandeln • 1 Kinderhandvoll Walnusskerne • **Optional: 1 Prise Lebkuchengewürz oder 1 Handvoll Cranberries**

🍴 1 Pausenbrot

🕐 10 Min.

🥄 Das Brötchen halbieren. 🥄 Das Apfelmus mit den gemahlenen Mandeln vermischen. Die Walnüsse grob hacken und dazugeben. Die Masse auf eine Brötchenhälfte geben und mit der anderen bedecken.

**VARIANTE** Wer es weihnachtlich mag, mischt noch eine Prise Lebkuchengewürz unter die Masse. Für ein noch fruchtigeres Pausenbrot eine Handvoll Cranberries dazugeben.

# Sterntaler-Pausenbrot

*Mit Essen spielt man nicht, Punkt. Wenn aber die Ausstecher in der Küchen rumliegen, packt's mich, und wer möchte nicht mal kleine Pausenbrote in Sternenform haben? So als kleine Aufmunterung in der Brotbox? Die Abschnitte nascht der Koch während der Zubereitung – keine Reste!*

🛍 8 Scheiben Vollkorntoast • 2 EL Frischkäse • 1 TL Honigsenf • 4 Scheiben Gouda • 8 dünne Scheiben Apfel

🍴 3–4 Sterne

🕐 10 Min.

🥄 Die Scheiben nur leicht toasten. Frischkäse mit dem Honigsenf vermengen und auf alle 8 Scheiben Toast schmieren. 🥄 4 Scheiben davon mit Käse und mit Apfelscheiben belegen. Zum Schluss mit der anderen Toastbrotscheibe bedecken, mit einen Sternenausstecher vier Sterne ausstechen und in einer Brotbox transportsicher verpacken.

# Scones für kalte Wintertage  Raffiniert

*Abgesehen davon, dass man ein einfaches Grundrezept für Scones immer gut brauchen kann, sind die kleine Teigküchlein auch wunderbar dazu geeignet, kleineren Mengen Rosinenresten, Schokotröpfchen, Cranberries, Nüssen oder Ähnlichem neues Leben einzuhauchen.*

**250 g Weizenmehl** · **½ Päckchen Backpulver** · **2 EL Zucker** · **1 TL Salz** · **125 g kalte Butter** · **250 ml Milch 3,8%** · Optional: **2 Handvoll Rosinen** oder **2 Handvoll Schokotröpfchen** oder **1 Handvoll gehackte Walnusskerne und 1 Handvoll gehackte Datteln** oder **2 Handvoll Cranberries**

**6–8 Scones**

**30 Min. + 15 Min. Backzeit**

Den Ofen auf 180 Grad Umluft (200 Grad Ober-/Unterhitze) vorheizen. Das Mehl in einer großen Schüssel mit Backpulver, Zucker und Salz vermengen. Die kalte Butter in Würfel schneiden und mit den Fingern in die Mehlmischung einarbeiten, bis eine streuselartige Mischung entsteht. Diese nun mit Hilfe der Milch zu einem glatten Teig verkneten. Wer eine Variante mit Rosinen oder Schokotröpfchen usw. backen möchte, knetet die Zutaten an diesem Punkt mit ein. Den fertigen Teig in Frischhaltefolie wickeln und für mindestens 15 Min. im Kühlschrank kalt stellen. Heutzutage werden Scones mit runden Ausstechformen gemacht, wesentlich einfacher sind aber die klassischen Dreiecke, weil dann keine Teigabschnitte entstehen, die ständig neu verknetet werden müssen – Sconesteig klebt sehr. Den Teigklumpen also so flach wie gewünscht drücken und dann, ähnlich wie bei einem Kuchen, Tortenstücke herausschneiden. Wer kleinere Dreiecke backen will, teilt den Teig einfach in zwei Klumpen auf. Die wie auch immer geformten Scones dann auf ein mit Backpapier ausgekleidetes Backblech in den Ofen geben und 10–15 Min. backen, bis sie schön aufgegangen und goldbraun sind.

**DAS PASST DAZU** Vanilleeis aus der Kältemischung (Seite 142) sowie die Stückige Erdbeermarmelade (Seite 61) sind der Hit dazu!

**KÜCHENKINDER** kneten den Teig, wählen Zusatzzutaten aus, schneiden die Scones.

# Essbarer Weihnachtsbaumschmuck: Peppakakor

*Peppakakor, die kleinen schwedischen Lebkuchen, finde ich besonders schön als essbare Christ-baumdekoration. Schließlich sollte man auch bei dem Schmücken des Baumes (sowie beim Baumkauf selber) auf Nachhaltigkeit achten – Lametta und Co. sind Sondermüll!*

100 ml Rübenkraut
210 g brauner Zucker
125 g Butter
1 TL Backpulver
1 ½ TL Nelkenpulver
1 ½ TL Zimt
1 TL Ingwerpulver
½ TL gemahlene Muskatblüte
500 g Mehl
**Für den Zuckerguss:**
2 Eiweiß
1 kg Puderzucker
2 EL Zitronensaft
3 EL Rote-Bete-Saft für Pink
3 EL Blaubeersaft für Blau
3 EL Spinatsaft für Grün

50 Stück
1 Stunde + 12 Stunden Kühlzeit

## BAUM ABSCHMÜCKEN
### leicht gemacht

100 ml Wasser, Rübenkraut und Zucker in einem größeren Topf zum Kochen bringen und gelegentlich umrühren. In einer Rührschüssel die Butter mit der noch heißen Flüssigkeit übergießen und vermischen. Die Gewürze hinzugeben und dann nach und nach das Mehl dazusieben. Den Teig glatt kneten und zu einer Rolle geformt in Frischhaltefolie wickeln. Im Kühlschrank mindesten 12 Stunden ruhen lassen. Entsprechend große Ausstechformen bereitstellen: Pfefferkuchenmännchen, Sterne, Herz. Den Backofen auf 180 Grad (200 Grad Ober-/Unterhitze) vorheizen. Den Teig portionsweise auf einer bemehlten Arbeitsfläche relativ flach ausrollen. Nicht allen Teig auf einmal verwenden, da sich kühler Teig besser verarbeiten lässt. Die Formen ausstechen und mit einem Zahnstocher ein größeres Loch für das Aufhängeband oben in die Figur machen. Die Peppakakor ungefähr 9 Min. backen. Die Dauer hängt stark vom Ofen ab, also immer mal reinschauen, dass die Kekse nicht zu dunkel werden. Für den Guss das Eiweiß steif schlagen. Puderzucker und Zitronensaft nach und nach unterschlagen. Die Masse pro Farbe auf Schüsselchen verteilen und einfärben. (Die Säfte gibt's im Reformhaus.) Wird der Zuckerguss in der Schüssel zu fest, einfach ein paar Tropfen Zitronensaft einrühren. Den noch feuchten Zuckerguss kann man dann noch weiter verzieren: mit Samen, Nüssen, Orangeat, Zitronat oder Belegkirschen. Peppakakor trocknen lassen und dann mit bunten Bändern zum Aufhängen versehen.

TIPP Zum Verzieren verwende ich neue Malpinsel aus Naturhaar. Das geht deutlich einfacher als mit Spritztüten, die doch ein großes Maß an Kontrolle über den Druck und Führung verlangen.

# PUNSCH-Sonntag

Ein knisterndes Feuer im Kamin, rote Bäckchen vom Toben im Schnee, selbst gestrickte Schurwollpullover und eine dampfende Tasse Punsch oder Glühwein in der noch behandschuhten Hand – das ist unser Idealbild eines romantischen Winterwochenendes. Wenn wir aber in einer Mietwohnung oder einem Neubau ohne Kamin leben, drehen wir den Spaß einfach um und nehmen Glühwein sowie Punsch mit raus für ein kleines Winterpicknick. Vielleicht gibt es in der Nähe sogar einen Grillplatz, auf dem sich ein kleines Feuerchen anzünden lässt. Die Kinder bauen ein Iglo und für kalte Nasen gibt es mehrere Thermoskannen warmen Punsch.

# Echter Glühwein

*Selber machen ist hier Trumpf. Gekaufter Glühwein ist oft schlimmster Fusel, dabei gilt: Je besser der Rotwein, desto besser das Endprodukt. Wir knausern also nicht und kaufen einen guten Tropfen. Tipp für weißen Glühwein: das gleiche Rezept mit einem trockenen Weißwein machen.*

🛍 **750 ml guter Rotwein • ¼ l Wasser • 1 Bio-Orange • 2 Sternanis • 1 Zimtstange • 3–4 Nelken • 1 daumengroßes Stück Ingwer • brauner Zucker nach Geschmack**

✖ **1 Topf Glühwein**
🕐 **1 Stunde**

➤ Den Wein mit dem Wasser erhitzen. ➤ Die Orange dünn mit dem Messer schälen, sodass die Schale ohne die weiße Haut abgeschält wird. (Auch wenn die Orange Bio ist, sollte man sie vorher unter warmem Wasser gründlich abwaschen). ➤ Dann die Orange halbieren und auspressen. Saft, Schale sowie die Gewürze zum erwärmten Rotwein geben und 30–40 Min. durchziehen lassen. ➤ Der Wein darf in keinem Fall kochen, daher rechtzeitig die Herdplatte runter oder ganz ausschalten. Die Gewürze entnehmen und den Wein mit Zucker abschmecken. Noch heiß in eine Thermoskanne gießen.

# Kinderpunsch

*Natürlich will auch der Nachwuchs bei einem Winterpicknick ein leckeres, würziges Heißgetränk haben. Oder aber die schwangere Freundin, der abstinente Sportler … Für alle, die es lieber ohne Promille mögen, ist nachfolgendes Rezept eine gute aber nicht minder leckere Alternative.*

🛍 **500 ml Hagebuttentee • 500 ml Apfelsaft • 2 Zimtstangen • Saft und Schale von 1 Bio-Orange**

✖ **1 Kanne Kinderpunsch**
🕐 **45 Min.**

➤ Den Hagebuttentee in einer größeren Teekanne oder Topf kochen. Den Apfelsaft kurz erhitzen und zum Tee geben. ➤ Zimtstangen sowie Saft und Schale von 1 Bio-Orange zugeben und 30 Min. ziehen lassen, dann die Gewürze entnehmen und den Kinderpunsch in eine Thermoskanne füllen. Extra Zucker wird hier nicht mehr benötigt, da der Apfelsaft selbst schon genug Süße enthält.

# Fenchel-Apfel-Salat mit Orangenvinaigrette

*Warum man den armen Fenchel zerkochen muss, ist mir ein Rätsel, roh schmeckt er nämlich ebenfalls ziemlich klasse. Zusammen mit Äpfeln und Rosinen ist diese winterlich-weihnachtliche Rohkost eine gute Alternative zu fadem Eisbergsalat aus dem Treibhaus.*

🛍 **1 Bio-Orange · 4 EL Olivenöl · Salz ·
Pfeffer, frisch gemahlen · 2 säuerliche
Äpfel (z. B. Rubinrote, Boskop) ·
2 Knollen Fenchel · 1 EL Rosinen**

✕ **4–6 Portionen**
🕐 **15 Min.**

➤ Für die Vinaigrette die Orange filetieren und in Spalten schneiden. Den dabei entstehenden Saft auffangen. Die Orangenspalten in die Salatschüssel geben. ➤ Den Orangensaft zusammen mit Olivenöl, Salz sowie Pfeffer zu einer cremigen Sauce rühren und zu den Orangespalten geben. ➤ Äpfel und Fenchel waschen. Äpfel entkernen, Fenchel putzen. Beides in feine Scheiben schneiden und sofort mit der Vinaigrette vermengen. Rosinen zugeben, den Salat gut durchmischen und sofort servieren.

KÜCHENKINDER bereiten die Vinaigrette zu, schneiden den Apfel und naschen natürlich Rosinchen.

# Bunter Krautsalat

*Krautsalat ist im Laufe der Jahre, ähnlich wie Waldorfsalat, zu einem Abklatsch seiner selbst geworden, fertig in Plastikeimern mit zu viel Sauce ertränkt ... Dabei ist ein frisch gemachter Salat aus verschiedenen Krautsorten im Winter ein Fest fürs Auge und das Immunsystem – Vitamine!*

🛍 **½ Kopf Weißkohl · ½ Kopf Rotkohl ·
½ Knolle Sellerie · 3–4 Möhren ·
3 EL Joghurt · 3 EL Olivenöl · Saft von
1 Zitrone · 1 EL Mayonnaise · 1 EL Senf ·
1 TL Salz · 1 TL Currypulver · 2 Äpfel ·
2 Handvoll Granatapfelkerne**

✕ **1 große Schüssel**
🕐 **30 Min.**

➤ Den Weiß- und Rotkohl hobeln. Die Sellerieknolle schälen und ebenfalls hobeln oder in feine Stifte schneiden. Die Möhren putzen und raspeln. ➤ Für die Sauce den Joghurt, das Öl, den Zitronensaft, die Mayonnaise, Senf, Salz und Currypulver in eine Schüssel geben und mit dem Schneebesen cremig verrühren. Über das geraspelte Gemüse geben. ➤ Äpfel waschen, entkernen und in feine Stückchen schneiden. Zusammen mit den Granatapfelkernen unter den Salat mischen und sofort servieren.

# Omas feiner Heringssalat für Silvester

*Der Salat ist für mich das traditionelle Mitternachtsessen an Silvester. Abgesehen von der tollen Kombination von salzig, sauer und Umami hat der Salat viele saisonale Zutaten (Rote Bete! Walnüsse!), ist aber auch gut für die Verwertung von Resten (kalter Braten! Pellkartoffeln!).*

**2 Matjesfilets • 3 Pellkartoffeln •
2 kleine Gewürzgurken • 2 Handvoll
kalter Braten • 2 kleine vorgegarte
Rote Bete • 250 ml Mayonnaise • 1 EL
Joghurt • 2 EL kleine Kapern • Pfeffer,
frisch gemahlen • 1 Handvoll Walnusskerne • Salz**

**4–6 Portionen**
**30 Min. + 12 Stunden Ziehzeit**

Den Salat bereitet man am besten schon am Vortag zu und lässt ihn über Nacht im Kühlschrank ziehen. Die Matjesfilets, gepellten Kartoffeln, Gewürzgürkchen, kalten Braten und Rote Bete in ungefähr gleich große Würfel schneiden. ➤ Die Mayonnaise mit Joghurt, Kapern und Pfeffer verrühren und über den Salat geben. ➤ Die Walnüsse klein hacken, unterheben und alles gut vermischen. Vor dem Servieren den Salat nochmal mit Salz abschmecken.

VARIANTE Anrichten kann man den Salat noch mit hart gekochten, geviertelten Eiern. Dazu gibt es Baguette oder Pumpernickel mit Butter sowie ein Glas Sekt. Prosit Neujahr!

# Selbst gemachte Remoulade

*Ein Rezept aus der Feder meiner Mama und der Klassiker zum weihnachtlichen Fondue. Nicht zu vergleichen mit gekaufter Fertigremoulade. Außerdem: Man stellt genau so viel von dem Sößchen her, wie man benötigt und kann so völlig restefrei arbeiten.*

**1 Gewürzgürkchen • 4–5 EL Mayonnaise •
2 EL Jogurt • ½ EL Zitronensaft •
1 TL Gurkenwasser • 1 TL gerebelte
Estragonblättchen • Salz • Pfeffer,
frisch gemahlen**

**1 Portion**
**10 Min.**

Das Gewürzgürkchen in superfeine Würfelchen schneiden. ➤ Die Mayonnaise mit Joghurt, Zitronensaft, Gurkenwasser sowie Estragon gut vermischen und mit Salz und Pfeffer pikant abschmecken. Gewürzgurke unterheben. ➤ Die Mengen nach Bedarf hochskalieren. Wer statt gerebeltem frischen Estragon verwendet, nimmt 1 EL pro Portion.

KÜCHENKINDER rufen nach Ketchup.

# Vanilleeis aus der Kältemischung

*Für viele ist Winter nicht die klassische Jahreszeit für Eis. Aber gerade dann gibt es einen Grund-stoff, den man zur traditionellen Eisherstellung benötigt: Schnee. Keine Bange, der Schnee selber wird nicht gegessen, ist aber Grundlage einer sogenannten Kältemischung.*

 1 großer Eimer Schnee
2–3 Packungen Speisesalz
1 Vanilleschote
1 Becher Sahne
1 großer Becher Joghurt (300–500 g)
1 Packung Puderzucker
2 Handvoll tiefgefrorene Blaubeeren
**oder** 3 EL Minzsirup (Seite 58) **oder**
3 EL Grünteepulver

✖ **Reichlich Eis**
🕐 **45 Min.**

Zuerst den Schnee in einen größeren Behälter schaufeln und mit Salz vermischen. Das hat den Effekt, dass der Schnee extrem runterkühlt – bis auf minus 20 Grad. Das Ganze nennt sich dann Kältemischung und wurde traditionell, im Sommer unter Zuhilfenahme von Lage-reis, zur Speiseeisherstellung verwendet. Die Vanilleschote aufschlitzen, das Vanillemark herauskratzen und zusammen mit der Sahne, dem Joghurt sowie Puderzucker in einem Metalltopf mit einem Schneebesen ordentlich verrühren. Zusatzzutaten – Blaubeeren, Minzsirup oder Grünteepulver – unterrühren. Den Metalltopf in die Kältemischung stel-len. Am Rand vom Topf bilden sich schnell erste Eiskristalle. Nun muss man kontinuierlich rühren, am besten mit einem Holzlöffel, damit die Eiscreme nicht zu einem Block gefriert, sondern auch richtig cremig wird. Das erfordert Kraft, denn das Eis wird sehr schnell sehr kalt. So lange rühren, bis die gesamte Flüssigkeit gefroren ist, dann den Topf sofort aus der Kältemischung nehmen und das Eis in eine geeignete Box umfüllen. Oder einfach sofort genießen.

**DAS PASST DAZU** In seiner Grundform mit Vanille schmeckt das Eis prima zu Scones (Seite 135) und zur Stückigen Erdbeermarmelade (Seite 61).

**KÜCHENKINDER** gehen natürlich erstmal Schnee sammeln und dürfen dann rühren, rüh-ren, rühren …

## SÜßes für FORSCHERZWERGE

## Würstchen im Schlafrock

*Der Kinderklassiker für Silvester, Geburtstag- oder Faschingsparty. Großer Vorteil: wenig Arbeits-aufwand für den betreuenden Elternteil. Kinder machen gerne mit, schließlich muss der Teig ge-knetet, die Würstchen eingerollt und die Teiglinge mit Ei bestrichen werden.*

½ Päckchen Hefe • 1 Prise Zucker •
100 ml Wasser • 250 g Mehl • 1 TL Salz •
2 Eier • 2 EL neutrales Öl • 6 Wiener
Würstchen vom Metzger

12 Portionen

30 Min. + Ruhezeit

Hefe und Zucker in 100 ml warmem Wasser auflösen. Das Mehl und das Salz in einer Schüs-sel mischen, in der Mitte eine Mulde machen und die Hefelösung eingießen. ▶ 1 Ei mit dem Öl verschlagen, dazugeben und das Mehl von außen einarbeiten. So lange kneten, bis ein glatter Teig entsteht. An einem warmen Ort zugedeckt 45 Min. gehen lassen. ▶ Den Backofen auf 200 Grad Umluft (220 Grad Ober-/Unterhitze) vorheizen. ▶ Die Würstchen in daumenlange Stücke schneiden. Den aufgegangenen Teig noch mal durchkneten, quadra-tisch ausrollen und in 3 cm breite Streifen schneiden. Die Würstchen mit je einem Teigstrei-fen umwickeln und auf ein mit Backpapier ausgelegtes Backblech setzen. ▶ 1 Ei gründlich verschlagen, Teiglinge damit bestreichen. Die Würstchen im Schlafrock bei 200 Grad Umluft etwa 15 Min. backen, bis der Teig goldgelb und schön aufgegangen ist. Mit Ketchup zum Dippen servieren.

## Blutorangenmarmelade

*Im Januar und Februar tauchen sensationell günstige Säcke mit feinsten sizilianischen Blutoran-gen auf. Keine Ahnung, wie viele Säcke davon im Müll landen, denn die Blutorangen verderben leider schnell. Mit dieser feinen fruchtigen Marmelade können wir aber einige Exemplare retten.*

12 Blutorangen • 500 g Gelierzucker

2–3 Gläser

20 Min.

Blutorangen auspressen. Saft in einen großen Topf geben und mit dem Gelierzucker vermi-schen, gründlich rühren und zum Kochen bringen. ▶ Sobald der Saft kocht, unter ständi-gem Rühren mindestens 4 Min. kochen lassen. Gelierprobe machen. ▶ Den Topf vom Herd nehmen und die fertige Marmelade sofort in die sterilisierten Gläser füllen.

KÜCHENKINDER pressen den Saft aus.

TIPP Wer Bio-Blutorangen bekommt, kann mit einem Zestenreißer ungefähr 2 Handvoll Schalenstreifen abreiben und mitkochen – für ein echtes Englandfeeling.

# Fingergolatschen

*Ins Winterkapitel gehören auch Plätzchenrezepte. Und damit wir weder Eigelb noch Eiweiß verschwenden, gibt es hier zwei Rezepte, die sich perfekt ergänzen und in einer Session gebacken werden können. Für die Füllung eignet sich zu sauer geratene Marmelade sehr gut.*

🛍 **180 g weiche Butter · 80 g Zucker ·
3 Eigelb · abgeriebene Schale von
½ Bio-Zitrone · Himbeerkonfitüre,
Johannisbeergelee oder Haselnusscreme**

🍴 **2 Bleche**
🕐 **30 Min.**

➥ Den Backofen auf 180 Grad Umluft (200 Grad Ober-/Unterhitze) vorheizen. ➥ Butter und Zucker mit dem Handrührgerät schaumig rühren. Nacheinander 2 Eigelbe einrühren. Zitrusabrieb zugeben. Das Mehl in den Teig sieben und alles verrühren. ➥ Mit bemehlten Händen aus dem Teig Kugeln formen und mit dem Daumen in der Mitte eine kleine Vertiefung eindrücken. 1 Eigelb mit der Gabel verschlagen und die fertigen Golatschen damit bestreichen. ➥ Die Vertiefung kann mit Himbeermarmelade, Johannisbeergelee aber auch mit Haselnusscreme gefüllt werden. Ungefähr 12 Min. backen und anschließend vorsichtig aufs Auskühlgitter setzen.

# Haselnussmakronen

*Und hier kommt, wie versprochen, die Verwertung des Eiweiß. Oh, und die andere Hälfte der Bio-Zitrone kommt auch noch unter. Perfekt! Den Makronenteig macht man am besten vor dem Fingergolatschenteig, da er eine halbe Stunde quellen muss.*

🛍 **210 g feiner Zucker · 3 Eiweiß ·
abgeriebene Schale von ½ Bio-Zitrone ·
250 g gemahlene Haselnusskerne ·
1 Packung Oblaten**

🍴 **2 Bleche**
🕐 **1 Stunde**

➥ Zucker und Eiweiß mit dem Schneebesen 15 Min. lang verrühren. Hat die Masse eine baiserartige Konsistenz, den Zitrusabrieb zugeben und die Haselnüsse unterheben. Die Masse zugedeckt ½ Stunde ausquellen lassen. ➥ Wenn die Fingergolatschen fertig sind, das freie Backblech mit den Oblaten belegen und je Oblate 1 Häufchen Teig in die Mitte setzen. Der Teig geht beim Backen ziemlich auseinander, daher genügend Platz lassen. ➥ Die Makronen ungefähr 12 Min. bei 175 Grad Umluft (190 Grad Ober-/Unterhitze) backen und vollständig auskühlen lassen, bevor sie in der Keksdose landen.

# LEFTOVER-SATURDAY

## Leftover-Desserts im Glas

*Weihnachten ist vorbei, aber eines hält sich hartnäckig: Reste von Plätzchen, Keksen und Lebkuchen. Erinnern wir uns an unser Credo – es wird nichts weggeworfen! Mein Trick, um ungeliebte Plätzchenreste für die Familie wieder attraktiv zu machen, ist das Dessert im Glas.*

🛍 **3 Handvoll bunt gemischte Gebäckreste • 4 EL Naturjoghurt • 100 g Mascarpone • 100 ml Kokosmilch • 2–3 EL abgeriebene Zitronenschale • Mandarinenschnitze oder Ananasschnitze oder Bananenscheiben**

✗ **4 Portionen**
🕐 **15 Min.**

➤ Die Gebäckreste in einen Gefrierbeutel füllen und diesen mit einem Nudelholz tüchtig bearbeiten. ➤ 4 mittelgroße, möglichst gerade geformte Gläser bereitstellen und die Plätzchenkrümel gleichmäßig darin verteilen. ➤ In einer Schüssel Joghurt, Mascarpone und Kokosmilch cremig aufschlagen und die Zitronenschale unterrühren (evtl. mit Zucker abschmecken). ➤ Die Creme in die Gläser verteilen, mit Obst der Saison dekorieren, also entweder frischen Mandarinen-, Ananas- oder Bananenschnitze oder aber auch Obst aus der Dose oder sogar Tiefkühlbeeren, falls man im Sommer selber welche eingefroren hat.

KÜCHENKINDER verhauen die Plätzchenreste und rühren die Creme.

VARIANTE Reste von Weihnachtsschokolade über das fertige Dessert raspeln.

# Absolut falscher Hase ⟩ Raffiniert ⟨

*Wer erinnert sich noch an den Falschen Hasen, diesen undefinierbaren Hackbraten mit Ei drin-nen? Was das mit Hase zu tun haben soll, war mir als Kind ein Rätsel. Wenn schon falsch, dann richtig, daher enthält dieser Hase keinerlei Getier. Für ein nachhaltiges Weihnachtsfest.*

**Für den Falschen Hasen: 1 mittelgroße Zwiebel • 2 Knoblauchzehen • 1 Stück-chen Sellerie • 1 große Möhre • 1 EL Olivenöl • 75 ml guter Rotwein • 120 g altes Brot • 2 Eier • 100 g Frischkäse • 200 g gemahlene Mandeln • 100 g Cashew-kerne • 100 g Walnusskerne • 3 Handvoll Reibekäse (z. B. Gruyère, Parmesan, Käsereste) • 1 Bund frische Petersilie • 2 TL getrockneter Oregano • 1 TL Kreuz-kümmel • 1 EL Sojasauce • Salz • Pfeffer, frisch gemahlen • Milch nach Bedarf**
**Für die Sauce: 250 g gemischte Pilze • 1 Schalotte • 1 Stange Lauch • 1 EL Butter • 1 EL Olivenöl • 1 Schuss Rotwein • Salz • Pfeffer, frisch gemahlen**

**4–6 Portionen**
**1 ½ Stunden**

Den Ofen auf 180 Grad Ober-/Unterhitze (Umluft 200 Grad) vorheizen. ➤ Zwiebel und Knoblauch abziehen und fein wiegen. Sellerie in kleine Würfel schneiden, Möhre fein ras-peln. ➤ Zwiebeln und Knoblauch in etwas Olivenöl goldgelb dünsten. Das Gemüse dazuge-ben und kurz anrösten. Mit dem Rotwein ablöschen. Die Platte ausschalten, Gemüsemasse abkühlen lassen. ➤ Die Brotreste mit dem Messer in kleine Würfel schneiden oder sogar mit dem Schlagmesser der Küchenmaschine zu Semmelbrösel verarbeiten. Eine Kastenform mit Backpapier ausschlagen. ➤ Die Eier und den Frischkäse verschlagen. Zuerst die Gemü-semasse, dann die gemahlenen Mandeln und die Brotwürfel unterheben. Die anderen Nüsse grob hacken und ebenfalls unterheben. ➤ Die frische Petersilie fein wiegen und mit dem Reibekäse zur Masse hinzufügen. Alles gut vermengen und mit Oregano, Kreuzkümmel, Sojasauce, Salz und Pfeffer abschmecken. ➤ Ist die Masse etwas zu trocken und krüme-lig, ein paar EL Milch unterheben. ➤ Die Masse in die Kastenform füllen, festdrücken und die Oberfläche glätten. 1 Stunde im heißen Ofen garen. Wird der Braten oben etwas zu dun-kel, auf Unterhitze schalten. ➤ Für die Sauce Pilze putzen und grob hacken. Schalotte und Lauch putzen und ebenfalls würfeln. Butter und Olivenöl erhitzen und die Zwiebel mit dem Lauch anbraten. Die Pilze zugeben, mit einem Schuss Rotwein sowie Salz und Pfeffer wür-zen und einkochen lassen. ➤ Die Sauce mit einem Stabmixer oder in der Küchenmaschine fein pürieren. Noch mal abschmecken. Zum Braten reichen.

TIPP   Reste vom Falschen Hasen schmecken kalt als Sandwichbelag absolut fantastisch. Am besten mit Senf und etwas saurer Gurke genießen.

# Christas Kartoffelsalat mit Wiener

*Heiligabend spare ich mir den großen Kochaufwand. Kartoffelsalat wird nicht kalt, wenn die Kinder beim Essen noch mal dringend nach dem neuesten Spielzeug gucken müssen. Mama und Papa genießen derweil ein kühles Bier und Würstchen – auch Nerven sind schonenswerte Ressourcen!*

**1 kg festkochende Kartoffeln**
**2 Frühlingszwiebeln**
**200 g Bio-Fleischsalat**
**1 EL Mayonnaise**
**1 EL Joghurt**
**4 EL Gurkenwasser**
**3 saure Gurken**
**reichlich Salz**
**Pfeffer, frisch gemahlen**
**frische Petersilie**
**8 Wiener Würstchen**
**Optional: TK-Salatkräuter**

**4 Portionen**
**45 Min.**

Die Kartoffeln als Pellkartoffeln kochen. Abkühlen lassen, pellen und in mundgerechte Würfel schneiden. Die Frühlingszwiebeln putzen und in feine Ringe schneiden. Frühlingszwiebeln und Kartoffeln mit dem Fleischsalat in eine verschließbare Salatschüssel geben. Mayonnaise mit Joghurt und Gurkenwasser zu einer glatten Sauce verrühren und über die Kartoffeln gießen. Die sauren Gurken in möglichst feine Würfelchen schneiden und zum Salat geben. Alles vermengen und mit reichlich Salz sowie Pfeffer abschmecken. Die Tiefkühlkräuter jetzt schon dazugeben, die frische Petersilie aber erst vor dem Servieren klein gehackt untermischen. Auf jeden Fall vor dem Servieren noch mal mit Salz abschmecken. Dazu gibt es klassisch Wiener, scharfen Senf und ein kühles Bier.

KÜCHENKINDER pellen die Kartoffeln, schnippeln das Gemüse und naschen Gürkchen.

TIPP Kartoffelsalat schon am 23.12. zubereiten und Heilig Abend ratz fatz das Menü auf dem Tisch stehen haben!

# Christmas Ham mit Honigpastinaken

*In einem stattlichen Herrenhaus in Yorkshire bereitet die Protagonistin eines Frauenromans einen Christmas Ham zu, der ihr das Herz des Herrenhausinhabers zufliegen lässt. Abgesehen von der Möglichkeit, damit Adelige zu angeln, schmeckt der Ham auf Brot oder als Erbsensuppen-Einlage.*

**1 ½ kg roh gepökelter
Schweineschinken als Braten
1 Handvoll Nelken
3 EL Senf
3 EL Honig
Saft von 1 Bio-Orange
Reste vom Apfelmus oder Apfelsaft
5 Pastinaken
Salz
1 EL Butter**

**8–10 Portionen
45 Min. + 1 ½ Stunden Garzeit**

Den Ofen auf 160 Grad Umluft (180 Grad Ober-/Unterhitze) vorheizen. Den Schinken oben in gleichmäßigem Abstand mit einem spitzen Messer einstechen und mit den Nelken spicken. Senf großzügig über den Schinken verteilen. Honig mit Orangensaft und Apfelmusresten oder 1 EL Apfelsaft zu einer Paste verarbeiten und ebenfalls auf den Schinken streichen. Den Schweineschinken in einen Bräter legen, mit einem Deckel verschließen und 1 Stunde bei 160 Grad Umluft garen. Für die Honigpastinaken die Pastinaken putzen und in gleich große Stücke schneiden. In kochendem Salzwasser kurz bissfest garen, abschütten und beiseitestellen. Nach 1 Stunde Garzeit die Temperatur vom Ofen auf 200 Grad Umluft (220 Grad Ober-/Unterhitze) hochheizen. Runtergelaufene Honig-Orangen-Mischung mit einem Esslöffel über dem Braten verteilen. Ist nicht mehr genug Marinade da, 1 EL Honig über dem Braten verteilen. Nun das Ganze noch mal eine halbe Stunde bei hoher Temperatur und offenem Bräter garen. Anschließend den Braten aus dem Ofen nehmen, in eine vorgewärmte Servierschüssel mit Deckel geben und ruhen lassen. Butter in einer Pfanne erhitzen, 1 EL Honig dazugeben und rühren, bis dieser schäumt. Pastinaken dazugeben und unter ständigen Rühren von allen Seiten karamellisieren, bis alles schön goldgelb ist. Pastinaken in eine Terrine mit Deckel geben, den Braten aufschneiden und genießen.

HAMHAM ... HAM

# Maronirollbraten >RAFFINIERT<

*Wenn ich koche, habe ich bei der Zubereitung des Gerichts schon eine mögliche Resteverwertung im Kopf. Das gilt ganz besonders für Festtagsgerichte, denn häufig bleibt mehr übrig, weil vorher schon Schokolade oder Kuchen genascht wurde. Dieser Rollbraten wird später zum Turkey-Curry-Dinner (Seite 165).*

🔒 **1 kg Putenbrust, vorzugweise regional ·
200 g vorgegarte Maroni · 200 g Kräuter-
Crème-fraîche · 1 EL Honig · Salz ·
Olivenöl · Saft von 1 Bio-Zitrone ·
Pfeffer, frisch gemahlen · 1 Handvoll
Suppengrün · 1 Becher Sahne**

🍴 **8–10 Portionen**
🕐 **2 Stunden + 5 Stunden Marinierzeit**

➤ Wichtig: eine gute, nachhaltige Quelle für Putenfleisch! Das ist nicht nur umweltfreundlicher, sondern das Fleisch schmeckt auch besser, wenn die Pute genügend Freilauf hatte. ➤ Das Fleisch gleich vom Metzger im Schmetterlingsschnitt vorbereiten und platt klopfen lassen. ➤ Die vorgegarten Maroni zusammen mit der Crème fraîche pürieren. Mit Honig und Salz pikant abschmecken. ➤ Die Füllung auf den Braten streichen, dabei an den Rändern etwas Platz lassen. Vorsichtig aufrollen und mit Küchengarn fest umwickeln, sodass keine Füllung rausquillt. ➤ Eine Marinade aus Olivenöl, Zitronensaft, Salz sowie Pfeffer herstellen. Den aufgerollten Braten in der Marinade mindestens 5 Stunden einlegen. ➤ In der Zwischenzeit das Suppengrün putzen und grob zerteilen. ➤ Den Ofen auf 150 Grad Umluft (170 Grad Ober-/Unterhitze) vorheizen. ➤ In einer schweren Kasserolle etwas Öl erhitzen und den Braten von allen Seiten kräftig darin anbraten. Das Suppengrün kurz mit anrösten und dann mit der Marinade angießen. ➤ Die Kasserolle verschließen und den Braten im Ofen bei 150 Grad Umluft 1 Stunde garen lassen. Anschließend die Temperatur auf 200 Grad Umluft (220 Grad Ober-/Unterhitze) hochschalten, den Deckel abnehmen und Braten sowie das Suppengrün 30 Min. noch mal ordentlich bräunen lassen. ➤ Den fertigen Braten vorsichtig rausheben und zwischen zwei angewärmten Tellern ruhen lassen. ➤ Den Bratenfond mitsamt des Suppengrüns pürieren und einen Becher Sahne zugeben. Mit Salz sowie Pfeffer abschmecken. ➤ Den Braten aufschneiden, auf einer vorgewärmten Platte anrichten und mit etwas Sauce übergießen. Den Rest der Sauce extra dazu reichen. Dazu passen Semmelknödel und Rotkohl (Seite 153).

# Hausgemachter Rotkohl

*Rotkohl gehört zu Weihnachten wie der Rauschgoldengel auf die Tannenbaumspitze. Fertig einge-kochtes Kraut lassen wir aber für diese selbst gekochte Variante gerne im Regal stehen. Der frische Kopf Kohl vom Bauern sieht nämlich einfach zu verlockend aus …*

1 großer Kopf Rotkohl · 2 EL vege-tarisches Schmalz · 100 ml Apfelsaft · 1 rote Zwiebel · 1 Handvoll Nelken · 2 EL Himbeergelee · 1 Schuss Balsamico · Salz

8 Portionen

1 Stunde 15 Min. + 1 Tag Ziehzeit

Vom Rotkohl die äußeren Blätter abschälen, den Kopf kurz abspülen und halbieren. Den gro-ßen weißen Strunk ausschneiden. Den Kohl vierteln und mit einem scharfen Messer ras-peln. Den Rotkohl im vegetarischen Schmalz kurz anschwitzen. Mit dem Apfelsaft ablö-schen und auf niedriger Flamme köcheln lassen. Die Zwiebel von der trockenen Außenhaut befreien, mit den Nelken spicken und ins Kraut geben. Den Kohl 1 Stunde köcheln lassen, bis der Rotkohl weich ist. Mit Himbeergelee, Balsamico und Salz abschmecken. Über Nacht stehen lassen und nach dem Aufwärmen am nächsten Tag noch mal final abschmecken.

KÜCHENKINDER  raspeln Kohl, rühren und decken den Tisch.

# Gefüllte Riesenchampignons

*Wer Gans, Ente und Co. nicht mag, muss sich nicht mit Beilagen zufrieden geben. Neben der Grün-kohltarte (Seite 160) und dem Absolut falschen Hasen (Seite 148) gibt es hier eine weiteres vegetarisches Festtagsgericht, bei dessen Herstellung man sogar Reste verwerten kann.*

8 Riesenchampignons · 3 Handvoll altes Brot/Brötchen · 1 EL Olivenöl · 1 Schuss guter Rotwein · 2 Zweige frischer Thymian · Salz · Pfeffer, frisch gemahlen · würziger Gruyère

8 Portionen

35 Min.

Die Pilze ganz frisch zubereiten, sodass sie direkt aus dem Ofen auf den Tisch kommen. Den Ofen auf 180 Grad Umluft (200 Grad Ober-/Unterhitze) vorheizen. Die Pilze mit einer Pilzbürste abpinseln. Die Stiele direkt an der Pilzkappe ausbrechen und fein hacken. Das alte Brot fein hacken. Beides im Olivenöl kurz anrösten. Mit Rotwein ablöschen und die Thymianblättchen dazugeben. Die Füllung salzen, pfeffern und gut durchrühren. Die Pilze mit der Öffnung nach oben in eine feuerfeste Form füllen, den Gruyère hobeln und jedes Pilzchen damit belegen. Im Ofen 20 Min. backen.

KÜCHENKINDER  füllen die Pilze, hobeln Käse.

# Mamas Frikadellen

*Wenn ich als Kind mit einer Fünf in Latein nach Hause kam und der Duft von gebratenen Frikadellen durch den Hausflur wehte, dann wusste ich: Alles wird gut. Weil es eines meiner Lieblingskindergerichte gab. Übrig gebliebene Frikadellen durfte ich abends zur Brotzeit kalt essen.*

**600 g gemischtes Bio-Hackfleisch · 1 große Zwiebel · 1 Handvoll Semmelbrösel · 1 TL Senf · Salz · Pfeffer, frisch gemahlen · 1 Ei · 3 EL neutrales Öl zum Anbraten**

**12 mittelgroße Frikadellen**
**10 Min. + 10 Min. Garzeit**

Das Hackfleisch mit der Gabel auflockern. Die Zwiebel abziehen und fein würfeln. Zwiebeln, Semmelbrösel, Senf, reichlich Salz und Pfeffer zum Fleisch geben. Das Ei unterrühren und den Fleischteig mit sauberen Händen verkneten. In einer großen Pfanne etwas neutrales Öl erhitzen. Aus dem Teig mit nassen Händen kleine Frikadellen formen und diese etwa 10 Min. von beiden Seiten knusprig anbraten. Fertige Frikadellen auf etwas Küchenpapier im 50 Grad heißen Ofen warm halten. Dazu passt Möhrengemüse (Seite 154) und Salzkartoffeln.

**KÜCHENKINDER** formen die Frikadellen.

# Möhrengemüse

*Möhren hat man eigentlich immer im Kühlschrank oder sollte sie haben, denn günstiger kann man nicht regional essen. Vielseitig ist die Rübe ebenfalls. Wenn manche Exemplare drohen, schlapp zu werden, kann man mit ihnen noch dieses Gemüse machen, das bei Kindern höchst beliebt ist.*

**5–6 große Möhren · Butter · Zucker · Salz · 5 EL Crème fraîche · frische Petersilie**

**4 Portionen**
**15 Min. + 15 Min. Garzeit**

Möhren schälen und in feine Scheiben hobeln. Etwas Butter erhitzen und die Möhrenscheiben darin goldgelb anbraten. Mit etwas Zucker bestäuben, karamellisieren und dann mit 2–3 EL Wasser ablöschen. Das Möhrengemüse im geschlossenen Topf auf kleiner Flamme 15 Min. dünsten. Mit Salz und Crème fraîche abschmecken. Die frische Petersilie waschen, trocken schleudern und hacken. Zum Servieren über das Möhrengemüse streuen.

# Hausgemachte Bolognese

*Bolognese hat als Fixprodukt eine Glanzkarriere hingelegt. Das geht so weit, dass keiner mehr genau weiß, was eigentlich alles außer der Würzhilfe reingehört. Eine Bolognesesauce selber kochen ist aber gar nicht schwer, schmeckt besser und ist gesünder – ich sage nur Glutamat!*

**300 g Bio-Rinderhack · 100 g durchwachsener Speck · 1 Möhre · 1 Stange Staudensellerie · 1 Zwiebel · ½ EL Butter · 250 ml Rinderbrühe · 1 Schuss Rotwein · 1 Gewürznelke · 1 Lorbeerblatt · 1 TL Salz · Pfeffer, frisch gemahlen · 2 EL Tomatenmark · 1 Handvoll frisch geriebener Parmesan**

**6 Portionen**
**1 Stunde**

Das Rinderhack mit der Gabel etwas auflockern. Den Speck würfeln – je kleiner, desto besser! Möhre und Staudensellerie waschen, putzen und ebenfalls so fein wie möglich würfeln, da es hier mehr als Gewürz denn als Bestandteil des Gerichts arbeitet. Außerdem steigert das eindeutig die Akzeptanz der Sauce unter mäkeligen Essern. Zwiebel abziehen und hacken. In einer großen, schweren Pfanne oder Kasserolle die Butter schmelzen und die Zwiebeln darin andünsten. Möhren und Sellerie dazugeben und ebenfalls andünsten. Dann die Speckwürfel und das Rinderhack dazugeben und so lange mitdünsten, bis das Fleisch krümelig und der Speck ausgelassen ist. Mit der Brühe ablöschen, Rotwein sowie die Gewürze dazugeben und zugedeckt auf mittlerer Flamme 30 Min. kochen. Das Tomatenmark dazugeben, unterrühren und noch mal 10 Min. schmoren. Abschmecken, eventuell nachsalzen. Schmeckt am besten mit Maccharoni und frisch geriebenem Parmesan.

**KÜCHENKINDER** schnippeln Gemüse, kochen Nudeln, reiben Parmesan.

**VARIANTE** Im Sommer die Bolognese mit frischen Tomaten kochen. Dafür 1 kg Tomaten häuten, mit den Fingern zerzupfen und gleich zu Anfang der Garzeit zur Sauce geben. Die Kochzeit verlängert sich um 20 Min.

# Rinderbrühe

*Manche Gerichte erwärmen nicht nur müde Glieder, sondern auch das Herz. Rinderbrühe gehört für mich dazu, denn mit einer Handvoll günstiger Zutaten und ein wenig Geduld (die Suppe sollte mehrere Stunden köcheln) bekommt man die schmackhafte Basis für ein schönes Sonntagessen.*

🛍 **1 Stück gut durchwachsenes Rind-fleisch · 1 Handvoll Rinderknochen · 2 Möhren · ½ Sellerieknolle · 1 Stange Lauch · 1 Lorbeerblatt · 2 Nelken · 4 Pimentkörner · 1 Zwiebel · Salz**

✕ **1 großer Suppentopf**

🕐 **4 Stunden**

➤ Das Fleisch sowie die Rinderknochen abspülen und in reichlich kaltem Wasser ansetzen. ➤ Währenddessen Möhren, Sellerie sowie Lauch putzen und in feine Würfel schneiden. ➤ Wenn die Suppe anfängt zu kochen, entsteht oft ein hellgrauer Schaum. Diesen ab-schöpfen und entsorgen. Dann das gewürfelte Suppengemüse sowie die Gewürze zur Suppe geben. ➤ Die Brühe bei geringer Hitze mindesten 3 Stunden köcheln lassen. ➤ In der Zwischenzeit die Zwiebel halbieren und ohne Fett in einem Topf anrösten, bis sie richtig schwarz ist. Dann zur Suppe geben – die Röstaromen geben der Bouillon einen schön kräf-tigen Geschmack. ➤ Eine halbe Stunde vor dem Servieren das Suppenfleisch sowie die Knochen aus der Suppe nehmen. Das Fleisch in ganz kleine Würfel schneiden, die Knochen entsorgen. Dann die gewünschte Suppeneinlage wie Reis oder Nudeln kochen.

KÜCHENKINDER putzen und schneiden Suppengrün.

# Eierstich als Einlage

*Rinderbrühe kann man mit Reis oder Nudeln als Hauptgericht essen. Wenn man daraus eine ele-gante Vorsuppe machen will, bereitet man diesen Eierstich zu, der sich prima für die Feiertage in Sternchenform herstellen lässt.*

🛍 **2 Eier · 3–4 ml kalte Brühe · 1 Prise Salz · Butter**

✕ **6 Portionen**

🕐 **20 Min.**

➤ Die Eier aufschlagen und mit Brühe sowie Salz gründlich verquirlen. ➤ Dann in eine gut gebutterte Form gießen und diese in ein Wasserbad stellen. Das Wasser muss heiß sein, darf aber nicht mehr kochen – der Eierstich muss langsam garziehen können, sonst wird er tro-cken oder klebt an der Form fest. ➤ Der fertige Eierstich lässt sich einfach auf ein Brett stür-zen und in Würfel schneiden. Oder alternativ in Scheiben schneiden und Sterne ausstechen, die Reste fein würfeln. Den Eierstich tellerweise in die heißen Brühe geben.

Omas HAUSMITTEL bei Grippe

# Grünkohlfest

Nordlichter überlesen folgende Abhandlung und wissen, was es mit Grünkohl auf sich hat. Südlich des Grünkohläquators (der vermutlich mit dem Weißwurstäquator identisch ist) bekam man bis vor Kurzem bei der Nachfrage nach Grünkohl oft Schulterzucken und den Verweis auf tiefgekühlte Grünkohlfertigprodukte zur Antwort. Allerdings ist der Trend aus Amerika (Grünkohl aka Kale ist dort das hippste Gemüse unterm Starbangled Banner) bereits zu uns runtergeschwappt. Nun gibt es auch im Süden immer mehr Bauern, die Grünkohl anbauen. Für mich ist Grünkohl das perfekte Essen nach dem ersten Frost oder für eiskalte Januartage. Denn vor dem Verzehr muss man sich zumindest ein wenig kalte Füße holen, um die Üppigkeit des Gerichts zu rechtfertigen.

# Grünkohl mit Kasseler und Karamellkartoffeln

*Um es nicht all zu kompliziert zu machen, gibt es hier die Version mit Kasseler – weil Kasseler im Gegensatz zur Pinkelwurst deutschlandweit gut erhältlich ist. Ich verzichte außerdem auf Griebenschmalz, das traditionell an den Kohl gehört. Hier spielt das Gemüse die Hauptrolle!*

**1,5 kg festkochende kleine Kartoffeln ·
1 kg frischer Grünkohl · 90 g Butter ·
2 Zwiebeln · 100 ml selbst gekochte
Rinderbrühe (Seite 156) · 1 kg Kasseler
am Stück · 2 EL Zucker**

**8 Portionen**

**1 Stunde + 1 ½ Stunden Garzeit**

Die Kartoffeln am Vortag als Pellkartoffeln kochen. Den größten verfügbaren Topf mit reichlich Salzwasser befüllen, zum Kochen bringen. Währenddessen Grünkohl zupfen und waschen. Portionsweise im Salzwasser 5 Min. blanchieren und in einem Sieb abtropfen lassen. Dann im noch heißen Topf 60 g Butter schmelzen lassen. Die Zwiebeln abziehen, fein hacken und in der Butter goldgelb anrösten. Den Kohl dazugeben, zusammenfallen lassen und das Ganze mit ein paar Löffeln Rinderbrühe ablöschen. Den Kasseler draufsetzen und bei kleiner Flamme mindestens 1 ½ Stunden köcheln lassen. Die Pellkartoffeln schälen und 20 Min. vor Ende der Garzeit des Kohls in einer großen Pfanne in 30 g Butter anbraten und mit etwas braunem Zucker unter Rühren karamellisieren. Kasseler aus dem Kohl nehmen und ruhen lassen. Den Grünkohl mit Salz, Pfeffer und eventuell Zucker pikant abschmecken. Den Kasseler mit einem scharfen Messer in Scheiben schneiden und auf den Kohl legen. Zusammen mit den Karamellkartoffeln, scharfem Senf, Bier und Korn servieren.

**KÜCHENKINDER** machen beim Putzen des Kohls mit und pellen die Kartoffeln.

# Vegetarische Grünkohltarte

*Auch wenn Grünkohl der Inbegriff von deftigem, fleischhaltigem Essen ist, hat er mehr drauf. In Verbindung mit knusprigem Blätterteig und Sahne, Ei und Käse wird hier eine vegetarische Köstlichkeit draus. Die Tarte kann man prima aufwärmen, etwaige Reste gut mit ins Büro nehmen.*

**1 Rolle Blätterteig aus dem Kühlregal** ·
**4 Handvoll Grünkohl (zarte, innere Blättchen)** ·
**1 Schalotte** · **Rapsöl** · **70 ml trockener Riesling** ·
**4 Eier** · **1 Becher Sahne** · **1 Handvoll Reibekäse
(Gruyère, Bergkäse)** · **Salz** · **Pfeffer, frisch
gemahlen** · **Muskatnuss, frisch gerieben**

**1 Tarteform**
**20 Min. + 40 Min. Backzeit**

Den Ofen auf 180 Grad Umluft (200 Grad Ober-/Unterhitze) vorheizen. ▶ Die Tarteform mit etwas Öl oder Butter einfetten und bemehlen. Den Blätterteig aus der Verpackung nehmen und die Tarteform damit auskleiden. Grünkohl fein hacken. ▶ Die Schalotte abziehen, würfeln und in einer Pfanne in etwas Rapsöl glasig andünsten. Den Grünkohl dazugeben und 10 Min. mitdünsten. ▶ Mit Riesling ablöschen und einkochen lassen. ▶ Eier und Sahne gründlich verschlagen. Den Reibekäse dazugeben und kräftig mit Salz und viel frisch gemahlenem Pfeffer würzen. Reichlich Muskat hinzugeben. ▶ Zuerst die Gemüsemischung auf den Blätterteig geben, dann die Eimischung gleichmäßig darübergießen. 30–40 Min. im Ofen backen, bis der Blätterteig knusprig und die Eimasse fest geworden ist.

**VARIANTE** Diese Tarte funktioniert auch gut mit Rosenkohl.

**TIPP** Vom Grünkohl unbedingt die zarten, inneren Blättchen verwenden, die man beiseitelegen kann, wenn man die große Menge Grünkohl für das vorhergehende Rezept putzt. Wenn noch etwas Blätterteig übrig ist, können Kinder hier übrigens gut Sterne oder Herzen ausstechen, die man auf die Gemüsemischung legt – das sieht dann sogar richtig festlich aus.

# Bratapfel mit und ohne Brandybutter

*Schnell & einfach*

*Der süß-fruchtige Abschluss ist das Tüpfelchen auf dem Winteressen. Der saure Apfel, in den bekanntlich niemand gerne beißt, wandelt sich hier zum Star der Nachspeise. Das Pektin im Apfel und der warme Alkohol helfen, den Verdauungsvorgang anzukurbeln und sorgen für eine behagliche Schwere.*

**4 EL Rosinen · 4 saure Äpfel · 100 g zimmerwarme Butter · 100 g Puderzucker · 3 EL Brandy · Bratapfel ohne Brandybutter: 1 EL Rosinen · 1 EL Butter · 1 TL Zimt 1 TL brauner Zucker**

**4 Portionen**
**45 Min.**

Den Backofen auf 180 Grad Umluft (200 Grad Ober-/Unterhitze) vorheizen. Die Rosinen in ein wenig warmem Wasser aufquellen lassen. Das Kerngehäuse des Apfels mit einem Entkerner ausstechen. Die Butter mit dem Puderzucker schaumig rühren und nach und nach den Brandy sowie die Rosinen unterrühren. Die Äpfel in eine Auflaufform setzen, die Brandybutter in das Loch geben und die Äpfelchen bei 180 Grad ca. 30 Min. knusprig backen. Ofenwarm verzehren.

**KÜCHENKINDER** höhlen die Äpfel aus und befüllen sie.

**VARIANTE** Da nicht jeder Brandy mag oder verträgt, kann man die Äpfel auch klassisch mit Zimtbutter machen. Die Rosinen wie beim vorherigen Rezept etwas quellen lassen, dann aber direkt in die Aushöhlung des Apfels geben. Die Butter erwärmen, mit dem Zimt sowie dem Zucker verrühren, in den Apfel geben und in einer separaten Auflaufform backen. Zu beiden Varianten passt Vanilleeis.

**TIPP** Dieses Rezept eignet sich hervorragend für die Verwertung von mehligen oder sauren Apfelsorten, die sonst vielleicht in der Obstschale verdorben wären.

# Vegetarischer Borschtsch

*Kohl und Rote Bete haben Saison! Wer mit beiden Gemüsesorten nichts anfangen kann, blättert besser weiter. Alle anderen kochen einen riesigen Topf mit allem, was die Bio-Kiste hergibt und genießen die Suppe nach ausgedehnten Winterspaziergängen, Schneemann-Aktionen und bei Husten oder Heiserkeit.*

- ½ Kopf Weißkohl
- 2 Knollen Rote Bete
- 1 Stange Lauch
- ½ Knolle Sellerie
- 3 Möhren
- 3 EL Rapsöl
- 1 l Gemüsebrühe
- 2 Lorbeerblätter
- 5 Pimentkörner
- 1 kg festkochende Kartoffeln

- 1 großer Suppentopf
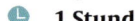
- 1 Stunde

Vom Weißkohl die äußeren Blätter entfernen, den Strunk ausschneiden und den Kohl in ca. 1 cm breite Stücke schneiden. Die Rote Bete schälen, waschen und relativ klein würfeln. Lauch putzen, halbieren und in Ringe schneiden. Die Sellerieknolle und die Möhren putzen und würfeln. In einem großen Suppentopf das Öl erhitzen und das Gemüse bis auf die Rote Bete bei mittlerer Hitze kurz anbraten, dann mit der Gemüsebrühe ablöschen. Die Lorbeerblätter, den Piment sowie die Rote Bete zugeben und alles 30 Min. köcheln lassen. Währenddessen die Kartoffeln schälen und würfeln, nach Ablauf der 30 Min. zu der Suppe geben und diese noch mal 20 Min. kochen lassen. Lorbeerblätter aus dem vegetarischen Borschtsch entfernen und die Suppe mit Salz sowie frisch gemahlenem Pfeffer abschmecken.

**VARIANTE** Vor dem Servieren noch einen Klecks Sauerrahm auf die Suppe geben.

# Süßkartoffeln aus dem Ofen mit verschiedenen Toppings

*Dass man Reste von Gemüse gut in Suppen und Eintöpfen verwerten kann, ist bekannt. Aber was ist mit der letzten Scheibe Lachs, die für keine Nudelsauce mehr reicht oder einem kleinen Rest Crème fraîche oder einer Handvoll übrig gebliebenem Reibekäse? Voilà: die Lösung.*

**4 sehr große Süßkartoffeln**
**4 EL Butter**
**Reste von Lachs**
**Crème fraîche und Kräutern**
**oder Käsereste**
**1 Handvoll Kresse oder Feta**
**2–3 getrocknete Tomaten in Öl**
**1 Zweig Rosmarin**

**4 Ofenkartoffeln**
**1 ½ Stunden**

Den Backofen auf 200 Grad Umluft (220 Grad Ober-/Unterhitze) vorheizen. Die Süßkartoffeln mit einer Gemüsebürste unter fließendem Wasser schrubben und mehrfach mit einer Gabel anpieken. Ein Backblech einfetten und die Süßkartoffeln daraufsetzen. 30 Min. backen, dann einmal umdrehen und weitere 20–30 Min. backen. Die Süßkartoffeln anschließend aus dem Ofen nehmen und mit einem Messer oben längs einschneiden, um Platz für die Toppings zu schaffen. Vorsicht! Dabei kann heißer Dampf aufsteigen. In jede Kartoffel erst mal 1 EL Butter geben. Dann folgen die Toppings: Für das Lachstopping Crème-fraîche-Reste mit 1 EL Milch und etwas Kräutern verrühren, über die Kartoffeln geben. Den Lachs in Streifen schneiden und auf die Crème fraîche geben. Für das Käsetopping den Käse grob raspeln und auf die fertigen Süßkartoffeln geben. Am besten eignen sich hier Reste von Gouda oder Butterkäse. Mit einer Handvoll Kresse dekorieren. Für das Fetatopping Fetareste würfeln, getrocknete Tomaten würfeln, Rosmarin hacken, alles vermengen und über die fertige Süßkartoffel geben.

# Béchamelkartoffeln

*Meine Oma Maria hat aus ihrem Fundus an rheinländischer Hausmannskost Béchamelkartoffeln mit in die Familie gebracht. Ich finde diese Art, Kartoffeln zuzubereiten, genial, vielleicht auch, weil Béchamelkartoffeln Soulfood sind und den Winter-Blues vertreiben.*

**ca. 1 kg Kartoffeln • 1 Zwiebel • 3 EL Butter • 1 EL Mehl • 250 ml zimmer-warme Milch • 250 ml Gemüsebrühe • 1 Zweig frischer Thymian • Salz • Pfeffer, frisch gemahlen • Optional: 1 Handvoll Schinkenreste**

✗ **4–5 Portionen**
🕐 **45 Min.**

Die Kartoffeln als Pellkartoffeln kochen. ➧ Währenddessen Schinkenreste oder Speck in Würfel schneiden. ➧ Die Zwiebel abziehen und fein hacken. ➧ In einem großen Topf die Butter schmelzen, Speck und Zwiebeln zugeben und bei mittlerer Hitze anschwitzen. ➧ Das Mehl zugeben, anschwitzen, bis es goldgelb ist, dann Milch und Brühe angießen. ➧ Den Thymian dazugeben und die Sauce ca. eine halbe Stunde lang sämig kochen. Mit Salz und Pfeffer abschmecken. ➧ In der Zwischenzeit die gar gekochten Kartoffeln pellen und in Scheiben schneiden. Gegen Ende der Kochzeit der Sauce die Pellkartoffeln einfach unterheben. ➧ Die Béchamelkartoffeln in eine Terrine geben und mit frischen Kräutern garnieren. Vegetarier können die Schinkenreste einfach weglassen.

**KÜCHENKINDER** pellen und schneiden die Kartoffeln.

# Erbsensuppe mit Christmas Ham

*Im Winter bekomme ich richtig Lust auf ganz einfaches, bodenständiges Essen. Diese Erbsensuppe ist da genau das Richtige, außerdem werden Reste des Weihnachtsschinkens (Seite 150) gleich mit verwertet. Und weil die Suppe so nahrhaft ist, kann man gleich ein paar Tage davon essen.*

**300 g getrocknete Erbsen • alle Reste vom Christmas Ham (Seite 150) • 2 Möhren • ¼ Knolle Sellerie • 1 Stange Lauch • 1 ½ l Wasser • 2 Lorbeerblätter • eventuell restliche Honigpastinaken (Seite 150) • Salz • Pfeffer, frisch gemahlen • 1 Schuss Balsamico**

✗ **8–10 Portionen**
🕐 **2 Stunden + Einweichzeit**

Die Erbsen am Vorabend in Wasser einweichen. ➧ Den Weihnachtsschinken von den Nelken befreien und diese entsorgen. ➧ Das Suppengrün putzen und in feine Würfel schneiden. ➧ In einem großen Topf 1 ½ l Wasser erhitzen und das Suppengrün dazugeben. Die Weihnachtschinkenreste würfeln und hinzufügen. ➧ Die Erbsen abgießen und zusam-

men mit dem Lorbeerblatt sowie eventuell übrig gebliebenen Honigpastinaken ebenfalls zur Suppe geben. Noch nicht salzen! ⟫ Den Eintopf aufkochen und ca. 1 ½ Stunden auf kleiner Flamme köcheln lassen. ⟫ Zwischendrin mehrfach umrühren und prüfen, ob noch Wasser nachgegossen werden muss. ⟫ Sind die Erbsen weich, Lorbeerblätter entfernen und die Suppe kurz mit einem Kartoffelstampfer grob durchpürieren. Dann mit Salz, reichlich Pfeffer und Balsamico abschmecken.

# Turkey-Curry-Dinner

*Der Maronirollbraten (Seite 152) kommt hier zu völlig neue Ehren und wird mit ein paar feurigen Gewürzen zum einem pikanten Curry, das man gut »zwischen den Jahren« essen kann. Es lässt sich aber auch prima einfrieren und ist im dunklen Februar ein schönes Abendessen für erkältete Gesellen.*

**1 große Gemüsezwiebel · 2 Knoblauchzehen · 3 EL Distel- oder Rapsöl · 3 Nelken · 1 Zimtstange · 1 EL Pfefferkörner · 200 ml Wasser · 1 daumengroßes Stück Ingwer · 4–5 Handvoll Putenbratenreste (Seite 152) · 1 TL Kreuzkümmel · 1 TL Currypulver · 2 EL Tomatenmark · 1 Lorbeerblatt · 1 Dose Kokosmilch · 1–2 TL Salz**

**4–6 Portionen**
**1 Stunde 10 Min.**

⟫ Zwiebel und Knoblauch abziehen und grob hacken. ⟫ Das Öl in einem großen, schweren Topf erhitzen und Nelken, Zimtstangen sowie Pfefferkörner zusammen mit den Zwiebeln und dem Knoblauch darin dünsten, bis die Zwiebel goldgelb ist. Dann mit 200 ml Wasser ablöschen. ⟫ Den Ingwer reiben. Die Fleischreste fein würfeln und zusammen mit den restlichen Zutaten in den Topf geben. Gut durchrühren und das Curry 1 Stunde auf kleiner Flamme köcheln lassen, gegebenenfalls noch etwas Flüssigkeit zugeben, falls es zu sehr einkocht. ⟫ Abschmecken und sofort auf Basmatireis servieren oder abkühlen lassen und einfrieren.

# Stichwortverzeichnis

## SERVICE

### Liebe Leserin, lieber Leser,

hat Ihnen dieses Buch weitergeholfen? Für Anregungen, Kritik, aber auch für Lob sind wir offen. So können wir in Zukunft noch besser auf Ihre Wünsche eingehen. Schreiben Sie uns, denn Ihre Meinung zählt!

Ihr TRIAS Verlag
E-Mail Leserservice: kundenservice@trias-verlag.de
Lektorat TRIAS Verlag, Postfach 30 05 04, 70445 Stuttgart, Fax: 0711/8931-748

*Bibliografische Information der Deutschen Nationalbibliothek*
Die Deutsche Nationalbibliothek verzeichnet diese Publikation in der Deutschen Nationalbibliografie; detaillierte bibliografische Daten sind im Internet über http://dnb.d-nb.de abrufbar.

Programmplanung: Uta Spieldiener
Redaktion: Anja Fleischhauer, Stuttgart
Bildredaktion: Christoph Frick

Layoutkonzept und Umschlaggestaltung:
Gramisci Editorialdesign, München

Bildnachweis:
Umschlagfoto: StockFood
Fotos im Innenteil:
Meike Bergmann, Berlin: S. 4 (Rezeptbilder), 14/15, 19 (Rezeptbild) 23, 29, 33, 35 (Rezeptbild) 41, 43, 50/51, 54 rechts, 55, 59, 67, 69 (Rezeptbild), 73, 77, 79, 81, 88/89, 95, 99, 101, 105, 109, 113 (Rezeptbild), 117 (Rezeptbild), 119, 128/129, 133, 137, 143 (Rezeptbild), 147, 151 (Rezeptbild), 157,158, 159
Nicolas Schmidt, Stuttgart : S. 4 (people Bilder), 5, 7, 8, 12, 19 unten, 25, 32, 35 unten, 44, 54 links, 60, 69 unten, 100, 108, 113 unten, 117 unten, 118, 120, 138, 146, 151 unten links und rechts, 161
Holger Münch, Stuttgart: S. 82 links
S. 143 unten: Plainpicture/Mira
S. 151 unten Mitte: Plainpicture/Böhm Monika
Fotolia: S. 11, 42, 80, 82 rechts
Foodstyling: Caroline Franke
People Styling: Daniela Sonntag

1. Auflage
© 2015 TRIAS Verlag in MVS
Medizinverlage Stuttgart GmbH & Co. KG
Oswald-Hesse-Straße 50, 70469 Stuttgart

Printed in Germany

Satz und Repro: Fotosatz Buck, Kumhausen
Gesetzt in: Adobe InDesign, CS6
Druck: Aprinta Druck GmbH, Wemding

Gedruckt auf chlorfrei gebleichtem Papier

ISBN 978-3-8304-8047-1        1 2 3 4 5 6

Auch erhältlich als E-Book:
eISBN (PDF)         978-3-8304-8048-8
eISBN (ePub)        978-3-8304-8049-5

Besuchen Sie uns auf facebook!
www.facebook.com/
gesundeernaehrungtrias

# „Lass dich nicht unterkriegen!“

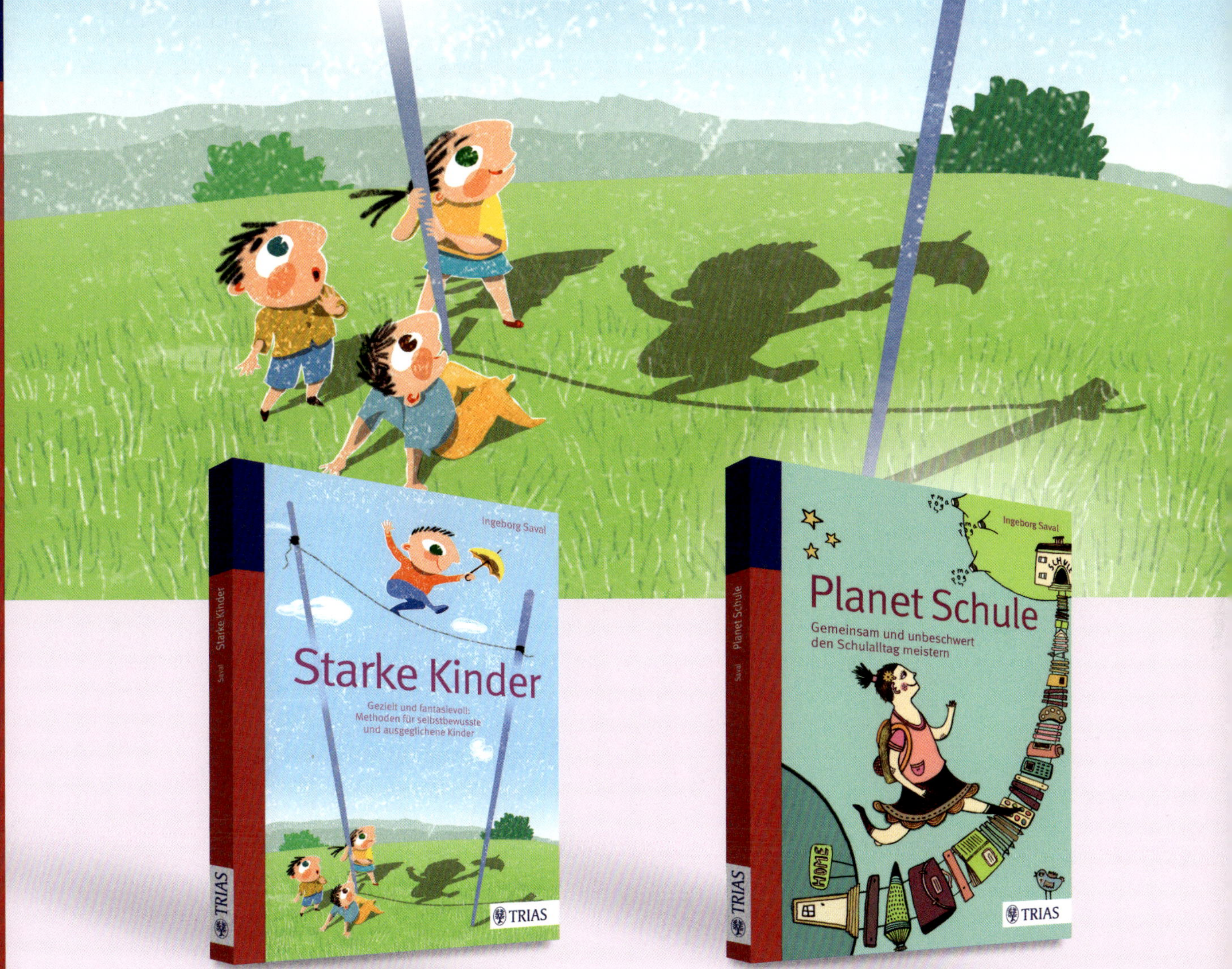


Ingeborg Saval
**Starke Kinder**
€ 17,99 [D] / € 18,50 [A]
ISBN 978-3-8304-6951-3

Ingeborg Saval
**Planet Schule**
€ 17,99 [D] / € 18,50 [A]
ISBN 978-3-8304-8191-1

**Beide Titel auch als E-Book**

Bequem bestellen über
**www.trias-verlag.de**
versandkostenfrei
innerhalb Deutschlands

Wissen, was gut tut. TRIAS

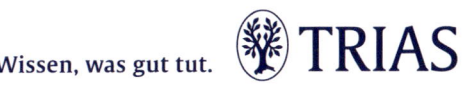

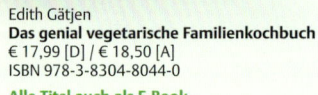

Volker Mehl
**Meine Ayurveda-Familienküche**
€ 19,99 [D]
ISBN 978-3-8304-6905-5

Edith Gätjen
**Essensspaß für kleine Kinder**
€ 17,99 [D]
ISBN 978-3-8304-6055-8

Anne Iburg
**Die besten Rezepte für Ihr Kleinkind**
€ 17,99 [D]
ISBN 9783-8304-8250-5